Diese Klasse hat 45 Kinder, 6 haben die Masern

Das erste Schuljahr

Unterrichtsmodelle

Ute Andresen

Fotos: Susanne de Haën-Schwarz

Ernst Klett Verlag für Wissen und Bildung
Stuttgart · Dresden

Die Deutsche Bibliothek – CIP-Einheitsaufnahme

Das erste Schuljahr: Unterrichtsmodelle / Ute Andresen.
Fotos: Susanne de Haën-Schwarz. –
10. Aufl. – Stuttgart; Dresden: Klett-Verl. für Wissen und Bildung, 1994
    ISBN 3-12-925940-6
NE: Andresen, Ute; Haën-Schwarz, Susanne de

10. Auflage 1994
Alle Rechte vorbehalten
Fotomechanische Wiedergabe nur mit Genehmigung des Verlages
© Ernst Klett Verlag für Wissen und Bildung GmbH, Stuttgart 1973
Gesamtherstellung: Wilhelm Röck, Weinsberg
Reproduktionen: Wolfgang Gölz, Ludwigsburg
ISBN 3-12-925940-6

Inhalt

Vorwort

Lehrer und Kinder verbringen einen großen Teil ihres Lebens miteinander und bekommen dafür ein Gehalt oder ein Zeugnis. Am Modell der Schulzeit lernen Kinder, daß man Anerkennung und Erfolg mit Gehorsam und Entfremdung erkauft. Sie lernen nicht nur Lesen, Schreiben, Rechnen und allerlei Wissenswertes. Sie lernen auch, einen Teil ihrer Lebenszeit abzuschreiben, wegzuwerfen und Befriedigung und Selbsterfüllung allein in der Freizeit zu suchen.

Man kann aber in der Schule auch
— lernen, wie man Neugier befriedigt
— lernen, daß Lernen Freude machen kann
— lernen, Anregungen aufzunehmen, neue Interessen zu entwickeln
— Freundschaften schließen
— die Geborgenheit in einer großen Gruppe genießen, die verbindlichen Regeln gehorcht, diesen aber ohne Angst gegenübersteht und sie gemeinsam diskutieren, ändern oder gar ersetzen kann
— intellektuelle Funktionslust als etwas Erstrebenswertes erfahren
— das Vergnügen am eigenen Wissen und Können genießen und dabei Selbstvertrauen gewinnen und den Mut, sich Unbekanntem zuzuwenden und Leistungsforderungen zu stellen, anstatt immer schon im voraus zu verzagen
— lernen, sich belehren zu lassen von jemandem, der besser Bescheid weiß, ob Mitschüler oder Lehrer
— lernen, Rücksicht zu nehmen auf Schwächere, um Hilfe zu bitten oder die soziale Verpflichtung des Stärkeren zu erfüllen
— lernen, sich zu Wort zu melden und Gehör zu verschaffen mit Kritik, wenn ein Gruppenführer oder eine Autorität wie der Lehrer Fehler macht oder etwas Unrechtes tut

— erfahren, daß Zusammenarbeit Freude macht, daß man selbst einen Beitrag leisten kann und durch die besonderen Fähigkeiten anderer etwas gewinnt
— lernen, daß man Schulerfahrungen in Klugheit und Kompetenz auch außerhalb der Schule umsetzen kann
— lernen, daß man überall lernen kann, auch aus Büchern, Radio, Zeitungen, Fernsehen.

Das wären Ziele einer Schule, die nicht nur auf den Kampf ums Dasein in einer Konkurrenzgesellschaft vorbereitet und die Zeit der Kinder vergeudet an ein entfremdetes Training dafür. Solche Ziele zu erreichen neben den nun einmal vorgeschriebenen Lehrplänen ist nicht leicht in unseren starren Schulräumen, deren Enge Kinder und Lehrer krank macht.

Dieser Bericht macht Vorschläge für einen Weg zu solchen Zielen, die entwickelt wurden in einigen Jahren Unterricht in der Grundschule, durch Lektüre und gegenseitige Fortbildung einiger Freundinnen, die meinen, sie selbst und die Kinder hätten ein Recht darauf, Schulvormittage nicht nur zu überstehen, sondern auch zu genießen.

Lehrerin zu sein unter den gegebenen Bedingungen ist hart, aber von Rückschlägen, Niederlagen, Enttäuschungen ist hier kaum die Rede. Warum auch? Lehrerklagen ermutigen nicht. Das aber soll dieser Bericht: Mut machen, sich aus den eingeschliffenen Ritualen des Unterrichts zu lösen, im Vordergrund die Kinder, nicht den Lehrplan zu sehen.

Manche der Dinge, die wir in diesem Jahr gemacht haben, wirken auf den ersten Blick recht schulfremd. Warum, zum Beispiel, haben wir in einer der ersten Wochen eine Gemüsesuppe gekocht? — Damit durch das Erlebnis,

gemeinsam etwas gekocht und gegessen zu haben, die Verbundenheit der Kinder in der Klasse wächst. Und: Man lernt durch Suppe, daß es sich lohnt, zur Schule zu gehen.

Und solche Motivationen helfen dann, die amtlichen Lehrpläne trotz all der Nebendinge zu erfüllen.

Die oben angeführten Ziele haben wir nicht völlig erreicht, aber wir haben uns auf den Weg gemacht. Die Methoden sind nicht alle neu, auch viele Themen haben Tradition. Warum auch sollte man Bewährtes durch Neues ersetzen? Ein Lehrer mit normaler Arbeits- und Nervenkraft würde schnell verschlissen, wollte er seinen Unterricht mit einem Schlag und im Alleingang revolutionieren. Ich bezweifle auch, daß plötzliche und tiefgreifende Veränderungen der Unterrichtspraxis sehr erfolgreich sein können, seien die Absichten von Theorie und Planung noch so gut.

Was wir in der Schule brauchen, sind Reformen, die das Ergebnis eines täglich neuen Kampfes gegen die Diktatur des Üblichen sind, inspiriert von der wissenschaftlichen Theorie, mit Sensibilität für die psychischen Bedürfnisse des einzelnen Kindes, das der Theoretiker nicht kennt.

Schulanfänger sind kleine Persönlichkeiten von jeweils ganz eigener Art, die unterschiedlich gut in die Schule paßt. Welche Erfahrungen einer gemacht hat, was er gelernt hat und wieviel, worauf er sein Selbstvertrauen gründet, wie weit er entwickelt ist und an welchen Verhaltensstil und welche Wertungen er daheim gewöhnt wurde — das alles schlägt sich in dem nieder, was die Schule Begabung nennt. Ein Kind, das ohne sichtbare Mühe die Forderungen der Schule erfüllt, ihren Regeln gehorcht und von ihrem Lernangebot profitiert, nennt man begabt. Ausgleichende Vorschulerziehung soll die Startchancen der Kinder aus schulfernem Milieu verbessern. Damit würden womöglich die Kinder früher genormt, auf schultypische Leistungen und Verhaltensweisen ausgerichtet.

Anstatt zu planen, alle Kinder im voraus besser an die Schule anzupassen, könnte man den Unterricht in der Schule so organisieren, daß zum Beispiel alle Kinder Gelegenheit hätten, die Fähigkeiten zu zeigen, auf denen ihr Selbstbewußtsein basiert. Heute werden die Fähigkeiten eines Teils der Kinder vom Schulanfang an bestätigt, die anderer Kinder aber als schulfremd übersehen und diese Kinder damit deklassiert und als unfähig abgestempelt.

Nicht zuletzt durch die damit verbundene Zerstörung des Selbstbewußtseins entsteht der oft zu pädagogischem Pessimismus verführende Befund, daß die Rangordnung der Intelligenztestleistung wesentlich vor der Schulzeit festgelegt wird.

Alle Kinder haben den gleichen Anspruch, die Lehrplanziele der Grundschule zu erreichen. Dafür zu sorgen ist die Aufgabe des Lehrers. Und da es den begabten Kindern mühelos gelingt, kann er sein besonderes Engagement den schulschwachen Kindern widmen. Chancengleichheit kann ja wohl nicht heißen, daß jedes Kind den gleichen Anspruch hat, mit Hilfe des Lehrers seinen herkunftsbedingten Platz in der Begabungskonkurrenz zu behaupten.

Wenn alle Kinder die Lernziele erreichen sollen, bedeuten Begabungsunterschiede:

— Sie brauchen verschieden viel Zeit, um etwas zu begreifen.
— Sie brauchen verschieden viel Erläuterung.
— Sie brauchen verschieden lange und häufige Übungen, um etwas zu können.
— Sie brauchen verschieden viel positive Verstärkung, um des eigenen Könnens und Wissens sicher zu sein.
— Sie sind unterschiedlich gut in der Lage, eigene Erfahrungen durch Zuhören zu ersetzen.
— Sie haben gegenüber den Aufgaben der Schule eine unterschiedlich starke Leistungsmotivation.

Richtig wäre es, jedem Kind den ihm entsprechenden Teil an Unterricht, Übungszeit, Verstärkung, Zuwendung, praktischem Umgang mit den Problemen zuzumessen und durch therapeutische Maßnahmen die Entwicklung einer ausreichenden Leistungsmotivation nachzuholen. Aber wie macht man das mit mehr als 40 Kindern gleichzeitig, ohne die notwendigen Arbeitsmittel, ohne Erlaubnis, die Könner nach Hause zu schicken?

Ein gangbarer Weg der Differenzierung ist es, den Unterricht möglichst weitgehend in einzelne Phasen des Selbstlernens für alle Kinder mit etwa dem gleichen Arbeitsmaterial aufzulösen und Spiele, auch Lernspiele und vor allem Bücher bereitzustellen für diejenigen, die mit einer Aufgabe fertig sind.

Jedes Kind liebt es, Dinge zu tun, die es kann. Immer wieder wollen Kinder gerade die Arbeitsblätter noch einmal bearbeiten, die sie schon einmal fehlerlos erledigt haben. Wenn sie bei einer solchen Aufgabe selbst einen deutlichen Lernfortschritt erkannt haben, macht sie ihnen besonders viel Spaß, manchmal geraten sie förmlich in einen Rausch. Sie haben einfach Spaß daran, zu spüren, wie und wie gut ihr Intellekt arbeitet, sie genießen intellektuelle Funktionslust. Und das ist ein starkes Motiv dafür, sich unbefangen und neugierig anderen, noch unbekannten Aufgaben und Schwierigkeiten zuzuwenden. Es wäre wohl die wichtigste Aufgabe ausgleichender Erziehung, allen Kindern solche Erlebnisse zu verschaffen, damit auch die sogenannten schwachen Schüler den Mut finden, in neuen Problemen die alten wiederzuerkennen und sich nicht immer wieder vom scheinbar Fremden überwältigen zu lassen.

Konkurrenz verhindert die Entwicklung von Leistungsfreude und letztlich von angemessenen Leistungen überhaupt, wenn die Chance, gut abzuschneiden, zu gering wird. Das heißt, daß schwache Schüler durch Leistungskonkurrenz im Unterricht noch schwächer werden. Und die Sieger werden charakterlich deformiert. Gründe genug, Konkurrenz im Unterricht zu vermeiden. Nun stellt man aber immer wieder fest, daß die Kinder danach drängen, ihre Kräfte aneinander zu messen. Trotzdem sollte man im Unterricht der ersten Klassen darauf bestehen, daß die Leistung jeden Kindes nur an seiner eigenen Leistungsfähigkeit gemessen wird, jedenfalls in allen Bereichen, wo Konkurrenz zu lebensentscheidenden, leistungsmindernden Frustrationen führen kann, wo eine Gruppe immer wieder Mißerfolge bescheinigt bekommen würde. Außerhalb der Hauptfächer ist genug Raum für Wetteifer, und dort sind die Gewichte oft auch anders verteilt.

Wenn Leistungen individuell bewertet und Lernzielkontrollen als Diagnoseinstrument angewendet werden, denen dann die jeweils notwendige Zusatzübung folgt, sind die Kinder gar nicht daran interessiert, zu mogeln, weil sie sich damit um die eventuell notwendige Hilfe bringen würden. Allerdings muß man ihnen diesen Zusammenhang immer wieder klarmachen.

Lernzielkontrollen müssen so organisiert werden, daß nicht Sprachfähigkeit zur Voraussetzung für nachgewiesene Leistung und damit für die Entwicklung von Selbstvertrauen wird. Es muß Raum sein auch für praktische Tätigkeiten, bei denen wortkarge Kinder oft überraschend intelligent sind.

Zunächst sah es schlimm aus: ein Raum in einem uralten Schulhaus, frontal ausgerichtete, zerkratzte Tische mit schrägen Platten, Garderobehaken im Zimmer, für mich ein Schreibtisch und ein Schrank, keine Arbeitsmittel, kein Verdunkelungsvorhang, keine Pinwand. Umgekehrt heißt das aber: Alte Schulhäuser sind auch im Sommer kühl, Möbel und Wände müssen nicht sonderlich geschont werden, Arbeitsmittel können den Lernbedürfnissen der Kinder entsprechend entwickelt werden, also Freiheit im Mangel. Nur Geld müßte da sein!

Die Eltern meiner 45 Schüler sind Angestellte, Arbeiter, Studenten, Beamte, selbständige Handwerker und Kaufleute, Gastarbeiter, Künstler, Intellektuelle. Diese Schwabinger Mischung ist für die Kinder eine Chance, Freundschaften über ihr Milieu hinaus zu schließen, andere Lebensweisen kennenzulernen, voneinander zu lernen.

Beim Schulanfang möchten die Eltern vor allem, daß ihre Kinder sich in der Schule wohlfühlen und mit Vergnügen lernen. Sie sind bereit, mit mir zusammenzuarbeiten. Sie sammeln für einen Verdunkelungsvorhang, nähen ihn und bringen ihn an, stiften Regale und hängen sie auf, helfen mir, Arbeitsmittel zu basteln. Sie sammeln Joghurt-becher und Bastelmaterial, besorgen Papier und Hefte im Großeinkauf, fegen auch schnell mal mittags die Klasse aus, wenn Protest der Putzfrauen zu befürchten ist.

Beim ersten Elternabend lege ich mir eine Liste an: Eltern, die uns auf Unterrichtsgängen und Ausflügen begleiten können. Meistens rufe ich sie am Tag vorher an.

Überhaupt ist das Telefon wichtig für die Zusammenarbeit: Ich erfahre rasch von besonderen Belastungen bei den Kindern oder auch von Schwierigkeiten mit der Schule, die sich nur daheim zeigen. Ich rufe an, wenn ein Kind mit Schulproblemen offenbar meine und der Eltern gemeinsame Hilfe braucht oder etwas Erfreuliches zu berichten ist. Durch Austausch ihrer Beobachtungen lernen beide Seiten mehr über das Kind.

Wir sind uns einig, daß die Kinder alle Dinge der Schule zu ihrer eigenen, selbständig zu bewältigenden Aufgabe machen sollen, daß nicht die Kontrolle durch die Eltern die Entwicklung der Fähigkeit zur Selbstkontrolle verhindern darf. Ich bemühe mich, alle Hausaufgaben entsprechend vorzubereiten. Wir wissen aber auch, daß die Anerkennung und Anteilnahme der Eltern eine Quelle der Lust zum Lernen sind. Telefonkontakte, wöchentliche Sprechstunden, wiederholte Elternabende, Elternbriefe spannen ein unsichtbares Netz, in dem wir Kinder, die aus dem Ruder laufen und Hilfe brauchen, auffangen, bevor Rückstände sich ansammeln können.

Bei gelegentlichen Hausbesuchen finde ich mitunter Ursachen von Leistungsschwächen, die oft durch ein einziges Gespräch mit den Eltern zu beheben sind.

Manche Kinder verhalten sich in der Schule ganz anders als zu Hause, lebhafte Kinder werden mitunter still. Das kann ein Zeichen für Überlastung sein: Auf überwältigend neue, oft unverstandene Forderungen reagiert das Kind damit, daß es sich duckt, innerlich und äußerlich, und daß diese physische und psychische Anstrengung alle Kräfte absorbiert.

Im Interesse der Kinder ist es dringend nötig, die Eltern mit den Lern-, vor allem aber den Erziehungszielen der Schule bekannt zu machen, besser noch, sie mit ihnen gründlich zu diskutieren und gemeinsam festzulegen, damit die Kinder nicht ständig einander widersprechenden Normen und Forderungen begegnen.

Eltern versuchen heute mehr denn je, ihre Vorstellung von der richtigen Erziehung der Kinder auch in der Schule durchzusetzen. Wenn dabei bedacht wird, daß für eine Klasse immer ein Kompromiß zwischen den Wünschen aller Eltern gefunden werden muß, ist das in Ordnung. Aber wie zwischen der Theorie der Pädagogik und den Möglichkeiten in der Praxis ein Abgrund gähnt, so malt sich auch in den Köpfen vieler Eltern ein schulpraxisfernes Bild vom Leben in der Klasse ihres Kindes. Entsprechend unrealistisch sind dann manche Reformwünsche. Vor allem setzen sie oft eine Schule voraus, wie es sie noch selten gibt.

Dies ist darum auch und nicht zuletzt ein Buch für Eltern, damit sie die Schule verstehen, damit sie wissen, wie ihre Kinder dort leben. Denn die meisten Eltern interessieren sich dafür und erst die Undurchsichtigkeit der Schulmauern läßt ihr nie befriedigtes Interesse schließlich verkümmern. Es wird in vielen Klassen ähnlich sein wie in dieser.

Das erste Schuljahr gliedert sich deutlich in Tertiale, von Schulbeginn bis Weihnachten, von Januar bis Ostern, von Ostern bis zu den Sommerferien. In jedem Tertial stehen bestimmte Aufgaben und Probleme im Vordergrund. Darum ist das Buch entsprechend eingeteilt und jedem Tertial nochmals ein Vorwort vorangestellt, das die jeweils typischen Ziele und Methoden zusammenfaßt.

Erschöpfend wird das erste Schuljahr nicht dokumentiert. Wir haben vor allem den Sach- und Deutschunterricht dargestellt. Und alle ursprünglich vorgesehenen Kapitel über Mathematik haben wir wieder herausgenommen. Nach Wochen voller Enttäuschung über die neuen Bücher, nach Nächten mit quälenden Träumen über die Mengenlehre und ihre Folgen vor allem für die schulschwachen Kinder, haben wir ohne Schülerbuch und ohne den starren Blick auf die neuen Lehrpläne einen eigenen, eklektizistischen Weg in die Mathematik gesucht, den zu schildern im Rahmen dieses Buches gar nicht möglich wäre.

Eines ist allerdings hervorzuheben: ein Unterricht mit soviel Material ist teuer — wenn auch nicht unerschwinglich. Ein Beispiel: Wenn wir Papier untersuchen und Papiersorten vergleichen, muß jedes Kind von jeder Sorte ein kleines Stück haben und das muß gekauft werden. Wenn wir aus Weizenkörnern Mehl machen oder sie keimen lassen wollen, brauchen wir ein Paket davon. So läppern sich Tag für Tag kleine Beträge zusammen, die immer wieder umzulegen und von den Kindern einzusammeln für Lehrer peinlich ist. Ich habe für solche Dinge etwa 40 Mark pro Kind gebraucht im Laufe des Schuljahres. Ich glaube, die Dokumentation zeigt, daß es sich lohnen würde, Lehrern außerordentliche Mittel für die Beschaffung von Anschaungsmaterial u. ä. zur Verfügung zu stellen.

I. Vom Schulanfang bis Weihnachten

Angst, Unsicherheit und Enttäuschung können der Freude auf den ersten Schultag folgen, wenn wir den Eifer der Kinder an diesem besonderen Tag nicht ernst nehmen und vergessen, daß jedes sich im Mittelpunkt sieht.

Ich begrüße das Kind, das die Klasse betritt und stecke ihm ein Namensschild an. So vermeide ich, die unscheinbaren Kinder später mit Namen rufen zu können als die lebhaften, hübschen. Die Eltern verlassen das Klassenzimmer, sie werden beim Elternabend informiert.

Ich spreche darüber, wie man sich wohl fühlt an diesem Morgen, erinnere mich an meinen ersten Schultag, an das große fremde Schulhaus, die dunklen Gänge, die vielen aufgeregten Menschen; ich versuche Verständnis zu zeigen und Vertrauen zu wecken. Wir singen ‚Hoch am Himmel . . .‘ und wünschen uns in die Rolle immer neuer Tiere, die die Kinder vorschlagen. Ich habe Muße, zu beobachten, welche Kinder sich schwer entschließen können, mitzutun. Sie brauchen mich besonders in den ersten Tagen. Für jedes Kind ist ein unliniertes Heft mit seinem Namen da. Auf die erste Seite wird ein Phantasiebild geklebt. Schon beginnen Gespräche mit dem Nachbarn, der seine Klebeblättchen aus derselben Schale nimmt. Ich schreibe zu jedem Bild den gewünschten Titel, lasse es mir erklären, lobe es. Die erste Hausaufgabe: Auf einem vorbereiteten Blatt den eigenen Namen üben.

Noch ein Spiel: ‚Was wir schon können‘ — hüpfen, trampeln, flüstern, schreien . . . — und nochmal unser Lied, dann ist eine Stunde herum. Die Eltern erfahren erleichtert, daß es schön war und man morgen gerne wieder in die Schule kommt.

In der ersten Zeit konzentriere ich mich darauf, Schulschwierigkeiten vorzubeugen:

— Im Klassenraum soll man sich ohne Angst wohlfühlen; wir bringen Farbe hinein.
— Die Schule soll attraktiv werden. Im Sachunterricht gelingt das am besten.
— Mit Aufgaben nach dem Maß ‚Neu, aber nicht zu neu‘ versuche ich, Leistungswillen, Risikobereitschaft und aufgabenorientiertes Verhalten zu wecken.
— Alle Arbeitsrituale werden an Aufgaben entwickelt, die jedes Kind mit Erfolg abschließen kann.
— Kein Kind darf diskriminiert werden. Das Verhalten des Lehrers gegenüber Kindern, die etwas nicht verstanden haben, wird nachgeahmt.
— Ich muß die Kinder auf ein moralisch vertretbares Verhalten verpflichten gegen ihre Neigung, sich „Hackhühner“ zu suchen.
— Gegenseitige Verantwortung und so etwas wie ein Wir-Bewußtsein entstehen in der Klasse, wenn man gemeinsam etwas Schönes erlebt, zusammen arbeitet, einander hilft und vor allem soviel wie möglich miteinander redet.
— Vor allem versuche ich überangepaßte Kinder zu entkrampfen und behutsam Freundschaften zu stiften, wenn kontaktarme Kinder allein keinen Freund finden.
— Das Bedürfnis eines jeden Kindes nach Selbstbestätigung muß befriedigt werden, weil sonst die Erfolglosen ihr Selbstbewußtsein durch soziale Auffälligkeiten zu stützen versuchen und leicht in eine Außenseiterrolle abrutschen.
— Allmählich werden einige Ordnungsregeln verbindlich gemacht, wobei man als Lehrer immer daran denken sollte, wie kostbar das Opfer an Spontaneität ist, das wir den Kindern abverlangen.

Das alles kann sich nicht ergeben sozusagen als Begleiterscheinung eines ganz auf kognitive Lernziele ausgerichteten Unterrichts. Lehrer und Kinder müssen sich sehr bewußt und immer neu darum bemühen.

Das ist leichter, wenn die Kinder in Gruppen sitzen. Wenn man drei Tische zusammenschiebt und sie T-förmig schräg in den Raum stellt, gewinnt man in der Mitte einen freien Platz, auf dem sich alle rasch bewegen können, zueinander und zur Tafel. Mangel an Bewegungsfreiheit und Distanz voneinander können die Ursache sein für scheinbar unerklärliche Aggressivitäten.

In dem Jahr, von dem hier berichtet wird, habe ich die Tische erst nach einigen Monaten so gestellt. Jetzt setze ich die Kinder von Anfang an in Sechsergruppen zusammen. Das erleichtert vor allem auch das Austeilen und Einsammeln des Materials. Wenn abwechselnd immer einer für alle sechs sorgt, wächst die Gruppenbindung rasch. Und Sechsergruppen bleiben offener als Vierergruppen, die leicht ein zu starkes Eigenleben führen.

Alle Kinder sollten vom Lehrer ausgerüstet werden, auch wenn das Besorgen und Kassieren Mühe macht, damit nicht die schlechtbetreuten und auch darum leistungsschwachen Kinder durch eine unzureichende Ausrüstung abermals behindert werden.

Unser wichtigstes Arbeitsmittel sind Umdrucke. Bei der Bearbeitung wird z. B. eine bestimmte Leistung trainiert oder eine Regel oder Erkenntnis wiederholt angewendet. Wer Fehler gemacht hat, kann neu anfangen. Die fertigen Blätter sind sichtbare Erfolge und werden in einem großen Ordner gesammelt.

Der Lehrer braucht vor allem Vertrauen in die Lernwilligkeit der Kinder, den beherzten Verzicht auf Perfektion bei ihren Arbeiten und der Ordnung im Klassenraum und die täglichen Fragen an sich selbst: Interessiert das die Kinder? Hilft es ihnen? Läuft der Unterricht vielleicht, ohne daß sich in den Köpfen der Kinder viel ereignet? Mißbrauche ich die Kinder, indem ich sie Antworten apportieren lasse?

Zeichne in jedes Fach ein passendes Bild!

der	das
die	die
das	der
die	das
der	die

der die das		der die das		der die das	
der die das		der die das		der die das	
der die das		der die das		der die das	
der die das		der die das		der die das	
der die das		der die das		der die das	
der die das		der die das		der die das	
der die das		der die das		der die das	

Es ist immer nur *ein* Begleiter richtig.
Streiche die falsen weg!

Wo stimmt der Begleiter nicht? Streiche aus!

das Auto	der Ball
die Ampel	das Ampel
der Evi	die Peter
die Haus	der Auto
der Otto	das Heini
die Uta	die Straße
der Straße	der Ball
die Auto	das Straße
das Ball	die Ampel
der Kasperl	die Ball
das Ampel	die Uta
der Molli	die Evi
der Heini	der Haus
das Uta	die Schule
der Evi	die Molli
das Haus	der Peter

Von 32 Aufgaben hast Du ☐ richtig!

Kreise ein: Sch sch

Schirm	Kirsche	Tasche
Schmetterling	Schnecke	Fisch
Schrank	Tisch	Dusche
Schal	Schürze	Schwein

Z z

Setze ein: W oder w

_urzel	Z_erg	_este
Sch_an	Ge_itter	_ind
_ald	Sch_amm	_urst
_urm	Sch_anz	_alze

Setze ein: i o u a

T_sch	Bl_me	G_bel
B_ll	W_rst	P_lz
Aut_	F_sch	K_tze
St_hl	T_mate	Schr_nk
Sch_l	H_se	B_rne
Bl_tt	M_nd	Z_cke

A H K		A B L
H K		A B L
B L P		L V B
S B M		N B G
B W I		F R K
V F A		K E M
T N F		H L M

Kreise den richtigen Anfangsbuchstaben ein!

Kiste
Kugel
Kirche
Käse
Knopf
Kirschen
Koch
Kleid
Kamm
Korb
Mund
Herz
Pilz
Blume
Schrank
Kette

Von 16 Aufgaben hast Du ☐ richtig.

9

Schulweg

Wichtig für alle Kinder vom ersten Schultag an und besonders dann, wenn sie darauf bestehen, nun endlich allein gehen zu dürfen, ist umsichtiges Verhalten im Verkehr.

Erste Regel: Schau nach links und dann nach rechts, bevor du die Straße überquerst. — Aber wo ist links? Am zweiten Tag binde ich jedem Kind eine rote Schleife ums linke Handgelenk. Dabei reden wir miteinander, berühren uns. Auf dem Heimweg fragen die älteren Schüler und die Erwachsenen, was denn das rote Bändchen bedeute. Stolze Erklärung:

Das ist meine linke Hand, und ich nehme das Band erst ab, wenn ich das auswendig weiß.

Ins Hausheft habe ich auf eine Seite mit rotem Stift *links* geschrieben und rechts gegenüber *rechts*. Man kann die passende Hand darunterlegen, herumzeichnen und sie dann daheim anmalen.

Zuhören, rasch reagieren: *Faß mit der linken Hand an dein linkes Knie. Jetzt mit der rechten Hand an die Nase deines Nachbarn . . .*

Am dritten Tag ein noch schüchternes Spiel: *Mein rechter Platz ist leer, ich wünsch' mir die Christine her!* Einige Kinder kennen sich bereits. Jetzt versuchen wir, die Namen aller Kinder zu lernen.

Was ist links von mir im Klassenzimmer, und was ist rechts? Das wäre leicht zu beantworten, aber nicht alle Kinder melden sich. Manche werden wochenlang zurückhaltend bleiben. Sie brauchen viel Gelegenheit, schweigend zu zeigen, was sie können, und im beiläufigen Gespräch mit Kindern oder mit mir die Scheu vor dem Sprechen in der Klasse zu verlieren.

Im Heft habe ich wieder eine Doppelseite vorbereitet: links ein Zettel *nach links* und ein roter Pfeil, rechts umgekehrt. Elefantenbildchen werden sortiert und als Hausaufgabe in der richtigen Marschrichtung aufgeklebt.

Stehmännchen und Gehmännchen im Signallicht der Fußgängerampel sind für Kinder Vorbilder. Sie werden im Ampelbild angemalt.

Grün heißt *gehen,* und rot heißt *stehen.* Beide Wörter stehen etwa zehnmal an der Tafel, und vor jedes der Wörter ist ein Kreis gezeichnet, der rot oder grün angemalt werden soll. Die Männchen im Ampelbild helfen. Aber leicht ist es nicht, weil die beiden Wörter so ähnlich aussehen. Dieselbe Aufgabe gibt es als Arbeitsblatt für daheim.

Wir überlegen, welche Verkehrsteilnehmer wir kennen, und ich zeichne sie auf Karten. Mit Tesafilm werden sie an die Tafel geklebt, zunächst ungeordnet. Die Kinder ordnen sie, z. B. in Fußgänger und Fahrzeuge. Daheim wird diese Übung mit einem Arbeitsblatt wiederholt.

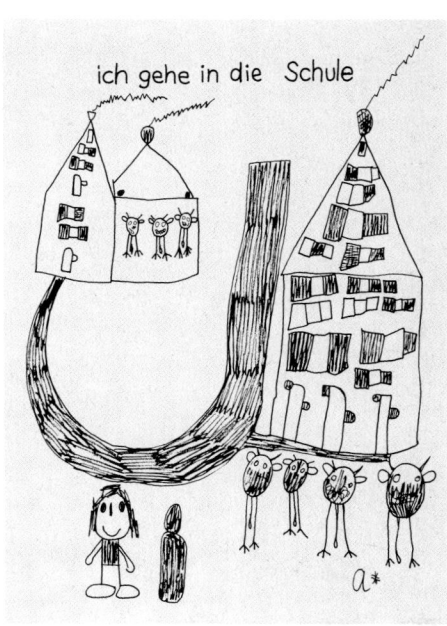

11

Bilder, Wörter, Sätze

Jedes Kind bekommt im Laufe der Zeit etwa 50 Kärtchen, fast so groß wie eine halbe Postkarte. Darauf steht ein Wort in dicker Filzschrift, auf der Rückseite das passende Bild. Die Kärtchen hat ein Buchbinder aus Kartonresten geschnitten, die Bilder stammen von den Bildbogen, die es billig zu verschiedenen Fibeln gibt. Haben wir kein passendes Bild, malen die Kinder sich eins. Ich brauche etwa 40 Minuten, um 43 gleiche Kärtchen herzurichten mit Wort und Bild, eine Minute also für jedes Kind.

Weil die Kärtchen für die Namenwörter gelb, für Tunwörter grün, für Wiewörter rosa und für den Rest orange sind, lassen sich später erste Beobachtungen an Wortarten anschließen.

Kärtchen und Schrift müssen groß sein: So wird das Wortbild prägnant, und die Kärtchen verkrümeln sich nicht so leicht. Für Verlorenes steht Ersatz bereit.

Wie *Frederik,* die Maus des Dichters Lionni, von der ich den Kindern vorgelesen habe, sammeln sie ganz bewußt Wörter, haben sie als greifbaren Besitz im Ranzen. Und die Eltern können immer nachschauen, welche Wortbilder bekannt sein sollten.

Die Lieblingskarte aller Kinder: Vorn steht *ich,* und auf der Rückseite klebt ein Foto, meistens ein Babybild.

Es gibt Wörter, zu denen man nichts zeichnen kann, z. B. *meine* und *will.* Man muß auf die Buchstaben achten, um das Wort wiederzuerkennen, und merkt dabei, daß Lesen auch Anstrengung bedeutet.

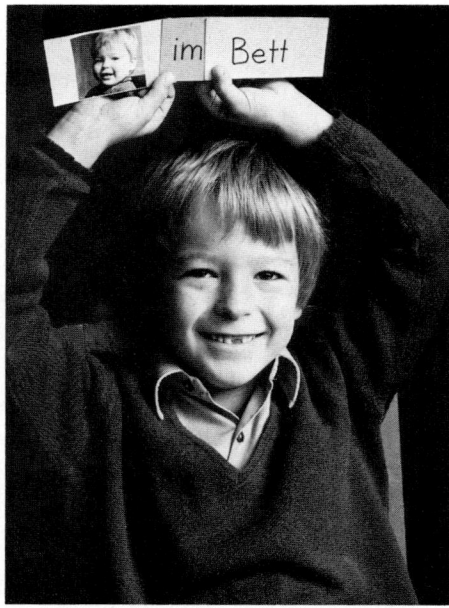

Mit den Wort-Bild-Kärtchen kann man immer wieder neue Übungen machen, bei denen jedes Kind etwas zu tun hat und erfährt, was es schon selbständig kann.

Die Grundübung: Alle Wörter liegen auf dem Tisch, eines wird aufgerufen und hochgezeigt. Weil unsichere Kinder den Nachbarn beobachten und nachahmen und weil auch bald zu viele Kärtchen auf dem Tisch liegen, ändern wir die Arbeitsweise. Man nimmt nun den ganzen Stapel in die Hand und steckt Karte für Karte nach hinten, bis die gesuchte oben liegt. Auf ein Signal zeigen alle Kinder ihre Karte hoch, und ich merke bald, wer besondere Lernhilfen braucht. Damit kein Kind fortgesetzt Niederlagen erleidet, mische ich beim Aufrufen leichte und schwere Wörter.

- Leseübung mit Selbstkontrolle: die Wörter lesen und auf der Bildrückseite nachsehen, ob es richtig war.
- Nach Vorlage oder Diktat werden bald Sätze gelegt.
- Erste Partnerarbeit: *Du legst ein Bild, und ich lege von meinen Karten das Wort dazu.*

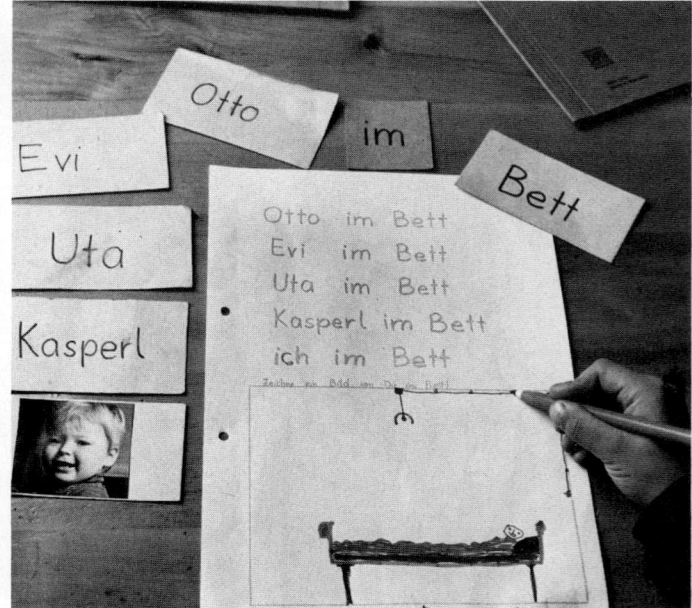

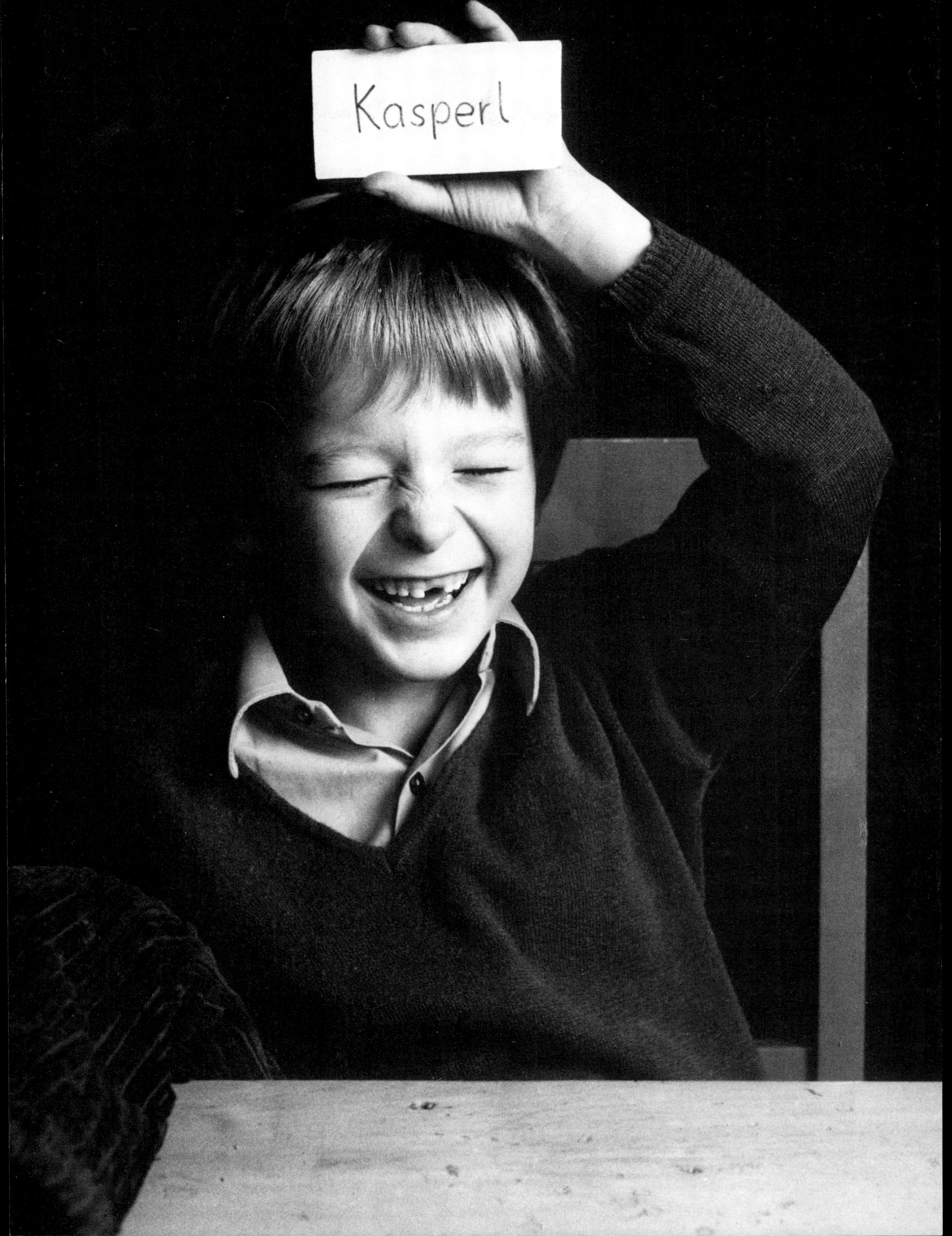
Kasperl

- Schon sieben Wörter kann man sinnvoll oder sinnlos zusammenstellen. Wenn man ein Blatt bekommt mit solchen Mischungen und die Kasperlsätze findet und ausstreicht, lernt man, auf die Bedeutung des Gelesenen zu achten, und gewinnt Selbstvertrauen, weil niemand daheim so eine Hausaufgabe überwachen muß.

- Wenn in einer Reihe von Sätzen immer ein Wort gänzlich überflüssig ist und herausgestrichen werden soll, muß man schon sehr genau auf den Sinn des Satzes achten.

Für Kinder, die sich's zutrauen, gibt es Lesespiele mit unbekannten Wörtern, Kärtchen in Gläsern, Beuteln und Kästchen, angefertigt aus Karton, alten Fibeln und Prospekten.

- Steht unter dem Bild das Wort und muß dasselbe Wort auf einem zweiten Kärtchen gefunden werden, übt man das Wiedererkennen von Wortgestalten.

- Steht das Wort auf der Rückseite des Bildes, kann man ein zweites Wortbild dazulegen, das Bild aufdecken und so erfahren, wie das Wort heißt.

- Wer versuchen möchte, nun richtig zu lesen, mischt die Wortkarten und legt sie wieder zum passenden Bild. Ob es richtig war, entscheidet die Bildrückseite.

- Schwieriger sind Spiele, bei denen Bild und Wort auf zwei Karten getrennt sind. Da kann man sich nicht schnell Sicherheit verschaffen.

Während die Kinder allein oder mit Partnern mit den Kärtchen spielen oder Leseblätter bearbeiten, habe ich Zeit, mich um einzelne Kinder zu kümmern, Lernschwierigkeiten zu entdecken und vielleicht auszugleichen.

Die Bildchen und das Hantieren, Ankreuzen und Ausstreichen bei solchen Leseübungen wirken stark motivierend. Aber eine Gefahr ist dabei: Wenn man durch die Bilder weiß, welche Wörter überhaupt in Frage kommen, kann man sie am Anfangsbuchstaben erkennen, ohne wirklich zu lesen. Diese Kurzschlußreaktion vom ersten Buchstaben auf das ganze Wort kann unsicheren und übereiligen Kindern zu einer Gewohnheit werden, zu der sie auch Jahre später in kritischen Situationen zurückkehren: *Bürste* heißt dann *Baum*, weil dies das erste Wort mit *B* war.

- Sobald Syntheseversuche möglich sind, gibt's darum diese Partnerarbeit: Einer versteckt die Bilder und gibt immer nur das Bild heraus, zu dem vom zweiten Kartensatz das Wort bereits erlesen ist, sozusagen als Belohnung.

- Oder die Wörter werden aufgelegt für ein Spiel nach der Regel: *Was ich gelesen habe, drehe ich um. War's richtig, habe ich das Bild gewonnen. War's falsch, wird es beim nächsten Durchgang wieder umgedreht.* Wer sich bei diesem Spiel selbst betrügt und heimlich unter die Karte schaut, braucht offenbar Hilfe, und zwar nicht nur fürs Lesenlernen, sondern auch für die Entwicklung seines Selbstbewußtseins.

Christiane hat sich aus der Zeitung lauter schöne Wörter ausgeschnitten, sie in ihr Heft geklebt und zu jedem Wort ein kleines Bild gezeichnet. Weil das den anderen Kindern so gut gefällt, stellen wir einen Kasten mit ausgeschnittenen Wörtern auf, aus dem jeder sich was heraussuchen kann.

Die kleinen Wörter *der, die, das* werden oft verwechselt, weil sie sich so ähnlich sehen. Als die Buchstaben *d, a, e* und *i* bekannt sind, machen wir eine Reihe von Unterscheidungsübungen, die die bewußte Auseinandersetzung auch mit kleinsten Spracheinheiten anregen.

- An der Tafel hängen Bildkarten, die Kinder sagen mir, welchen Artikel ich dazuschreiben soll.

- Dieselben Bildkarten hängen dort; Artikel, auf Streifen geschrieben, werden von den Kindern dazugeklebt.

- Zu den vorgegebenen Artikeln wird jeweils ein passendes Bild geklebt.

- Auf einem Blatt steht in zehn Fächern jeweils ein Artikel, zu dem ein passendes Bild gezeichnet werden soll.

- An der Tafel stehen bekannte Hauptwörter. Vor jedem sind alle drei Artikel aufgeführt, zwei müssen jeweils weggestrichen werden.

- Dieselbe Aufgabe als Arbeitsblatt für daheim. Wieder einmal stellt sich heraus, daß manche Kinder Schwierigkeiten haben, das Falsche auszustreichen. Es fällt ihnen leichter, das Richtige einzukreisen.

- Auf einem anderen Blatt stehen Hauptwörter mit einem Artikel, der manchmal falsch ist. Dann müssen beide Wörter ausgestrichen werden.

Otto im Haus	Otto geht in das Haus	ich male gehe das Haus
Evi im Bett	Evi spielt im Bett	Uta malt das die Bett
Haus im Kasperl	das Bett spielt im Auto	Evi geht in die das Schule
Bett im Haus	Uta will im Haus malen	Otto will in im Haus malen
Evi im Haus	Kasperl geht im Auto	Kasperl ist im das Haus
Uta im Bett	Evi geht in das Auto	Otto will ist mit Evi spielen
Bett im Kasperl	Otto steht in der Ampel	ich gehe in der das Haus
Haus im Otto	Heini spielt mit Otto	Otto will im das Bett spielen
Uta im Haus	ich gehe in das Haus	Heini ist im der Auto
Haus im Bett	das Haus malt das Bett	Uta geht in das die Schule
Bett im Otto	Kasperl will mit Evi spielen	ich spiele mit das Otto
Otto im Bett	die Ampel steht im Auto	
	das Auto will spielen	
	Heini geht in die Schule	
	der Ball spielt mit Evi	
	die Straße will mit Otto spielen	

Streiche die Kasperl-Sätze aus, sie sind falsch!

Streiche die Kasperlsätze aus, sie stimmen ja nicht!

In jedem Satz ist ein Wort zuviel, suche es und streiche es aus.

Bewegung

Jedes Kind hat 90 Minuten Turnunterricht in der Woche, das Umziehen mitgerechnet. Das ist viel zuwenig Bewegungszeit für Kinder, die mitten in der Stadt wohnen und sich daheim in der Wohnung oft nicht rühren dürfen. Wie sehr sie dadurch gehemmt werden, spürt man an der Begeisterung, mit der sie auf alle Spiele eingehen, die Trampeln, Schreien und wildes Herumhopsen erlauben.

Wir nutzen die Zeit in der Halle vor allem für gemeinsame Spiele, die viel Platz brauchen. So lernen die Kinder sich schnell kennen, und auch die Schüchternen verlieren ihre Hemmungen. Bei manchen Kindern hat man den Eindruck, daß sie die Leistungsfähigkeit und Beweglichkeit ihres Körpers noch nie richtig haben kennenlernen können. Angeordnete Bewegungen machen ihnen angst, anstatt sie herauszufordern.

Das liebste Spiel in der ersten Zeit: Am Boden liegen Reifen, einer weniger, als Kinder da sind, und auf ein Signal versucht jedes, in einen Reifen zu springen. Wer übriggeblieben ist, scheidet aus. Manchmal verlangt die Regel auch, daß zwei oder drei Kinder sich in einem Reifen treffen.
Kinder, die sich noch nicht selbst kontrollieren können, sind in jeder Turnstunde ein besonderes Problem: Die lockere Ordnung und die Bewegungsfreiheit verleiten sie dazu, jedem Impuls nachzugeben, aus gemeinsamen Spielen auszuscheren, Kabbeleien anzufangen, nicht zuzuhören, wenn eine Spielregel erklärt wird. Wenn man sie gewähren läßt, haben schließlich nur noch sie ihren Spaß.
Eine immer neue Nervenprobe sind die Rangeleien beim Aufstellen vor Spielen. Einige Kinder wollen immer Erster sein, streiten um jeden Platzvorteil. Sie sehen nicht, daß sie so die an sich geliebte Turnstunde vertrödeln. Schließlich verliere ich die Geduld und schicke die Gruppe mit der wiederholten Aufforderung *Und jetzt stellt euch dort auf, und streitet tüchtig, wer Erster ist!* in der Halle herum. Da sehen sie ein, wie unsinnig die Drängelei ist.

In der Klasse machen wir zwischendurch immer mal Gymnastik bei offenen Fenstern. Sie beginnt mit rhythmischem Klatschen. Ich fange an, die Kinder ahmen mich nach, bis alle sich im gleichen Rhythmus bewegen. Je mehr Kinder mittun, desto mehr Spaß macht das offensichtlich.
Wenn sie sich so gesammelt haben, beginnen Übungen zur Lockerung der Schultermuskulatur und aller Gelenke. Ich erkläre, wie die Bewegungen ablaufen müssen und warum sie nur so für den Körper sinnvoll sind.
Diese Gymnastik macht manchen Kindern so viel Spaß, daß sie sie auch daheim zwischen den Hausaufgaben machen.

Ich und die anderen

Das Verhältnis der Kinder in der Klasse zueinander ist zwiespältig. Einerseits sind sie neugierig aufeinander und wollen mit bestimmten Kindern möglichst oft und nah beisammen sein, andererseits sind sie Rivalen. Jeder möchte bei der Lehrerin wenn schon nicht das einzige, so doch ein besonderes Kind sein und versucht, die Aufmerksamkeit auf sich zu lenken. Weil das mit störendem Verhalten meist rascher gelingt, beklagt sich Susanne daheim: *Ich glaub', ich muß ungezogen sein und mich dumm anstellen, dann kümmert sie sich mehr um mich.*

Diese Rivalität um meine Aufmerksamkeit oder um die Freundschaft eines Kindes fördert die Aggressivität gegeneinander, die ohnehin latent immer zu spüren ist, weil die Kinder im Klassenzimmer viel zu eng beieinander hocken. Und da sie alle den Grundsatz mitbekommen haben: *Wenn dir jemand was tut, wehr dich!*, fühlen sie sich sehr leicht angegriffen und schlagen oder stechen zu, wenn ein anderes Kind sie nur zufällig gestreift hat. Um solche Feindseligkeiten zu verhindern oder zumindest bewußt zu erleben und dann schließlich in angemessenen Formen austragen zu können, müssen wir immer wieder darüber sprechen.

Zunächst ist die Tatsache zu entdecken, daß man nicht allein ist in der

Ich und die anderen

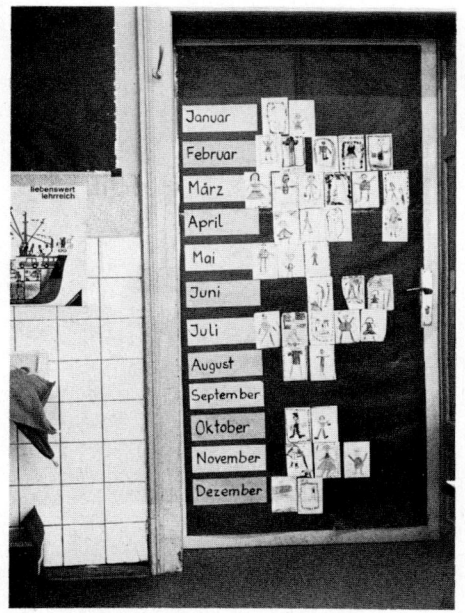

Klasse, daß jedes Kind sich allein einer großen Gruppe gegenübersieht. — Jeder zeichnet sich, und wir hängen die Bilder an die Wand: ein Kind — viele Kinder.

Wir überlegen, wie viele Menschen wir kennen. Für den Bäcker, die Milchfrau, die Nachbarin, die Mutter usw. wird ein Klötzchen auf den Tisch gestellt. *Das hab' ich gar nicht gedacht, daß ich so viele Menschen kenne!*

Der erste Schritt, den Zwangscharakter der Klassengemeinschaft zu überwinden: Man muß versuchen, alle Kinder kennenzulernen, zunächst einmal aber ihre Namen zu wissen. Man macht in sein Heft ein Sternchen für jedes andere Kind, dessen Namen man schon weiß. Und dann teile ich kleine weiße Aufkleber aus, auf die man den eigenen Namen schreiben und sogar noch verzieren kann. Wenn nun jemand kommt und sagt: *Schenk mir deinen Namen!*, bekommt er so einen Zettel und klebt ihn in sein Heft. Da jedes Kind rasch viele Namen haben möchte, sind alle gleichermaßen begehrt.

Ich erzähle eine Geschichte von einem großen, starken Mann, der von einem kleinen angerempelt wird, ihn zusammenputzen will, aber dann beschließt, dieser kleine Mann brauche gerade ihn als Freund. Die Kinder memorieren das Gedicht:

Der große Mann, der dicke Mann,
der gibt mit seinen Muskeln an.
Der kleine Mann, der dünne Mann,
der schaut sich gern den Dicken an.

Sie sagen es auf und zeichnen die Männer und identifizieren sich mit beiden.

Unsere Tür beziehen wir mit roter Klebefolie und machen einen Geburtstagskalender daraus, in dem jedes Kind mit einem selbstgezeichneten Bild vertreten ist. Morgens ist diese Tür einladend geöffnet. Und immer wieder geraten Kinder vor diesem Kalender in Gespräche über die anderen Kinder der Klasse.

Man muß seine besonderen Sympathien nicht verraten, wenn man lernen will, jedes Kind in der Klasse als möglichen Partner anzusehen. Immer wieder berichten Kinder mir, sie hätten nun festgestellt, daß ein bestimmtes Kind beim näheren Kennenlernen viel netter sei als erwartet, seit ich selbst einmal von einer solchen Erfahrung berichtet habe.

Wir spielen *Gänsedieb,* und die Spielregel erlaubt es, die eigene Angst vor Berührungen und davor, zurückgewiesen zu werden, zu überwinden. Zuerst gehen alle im Kreis und singen:
Wer meine Gans gestohlen hat, der ist ein Dieb,
und wer sie mir dann wiedergibt, den hab' ich lieb,
den hab' ich, den hab' ich, den hab' ich lieb!

Dabei umarmen sich immer zwei Kinder, die schnell zueinander gelaufen sind. Ein Kind bleibt übrig, steht in der Mitte und wird ausgesungen:
Da steht der Gänsedieb,
den hat kein Mensch mehr lieb!
Der Gänsedieb bleibt stehen, wenn der Kreis nun wieder herumgeht, und er ist dann der erste, der wieder umarmt wird. Niemand soll ja zweimal hintereinander Gänsedieb sein. Dieses Spiel läuft immer ab wie ein kleines Psychodrama: Man erlebt die Außenseiterrolle oder die freundschaftliche Umarmung und den gemeinsamen Triumph, nicht allein zu sein, und dann die Solidarität mit dem Außenseiter, den meistens gleich mehrere Kinder wieder aufnehmen wollen.

Als Andreas einen besonders schönen bunten Pullunder anhat, wird er von allen Kindern gemalt, und zwar mit ziemlich langen Haaren. Das empört ihn, denn soo lang sind seine Haare schließlich doch nicht. *Dafür mal' ich mich jetzt ganz ohne Haare!* sagt er, aber schließlich malt er sich eine Stiftelfrisur.

An diesem Beispiel erkennen viele Kinder zum erstenmal, daß man von anderen Menschen oft nicht so gesehen wird, wie man sich selber sieht. Sie erzählen eigene Erlebnisse: *Die denken, ich bin so. Aber so bin ich in Wirklichkeit gar nicht!*

Als Willy vom Baum gefallen ist und verletzt im Krankenhaus liegt, zeichnet jedes Kind ein Bild von sich. Ich mache ein Buch daraus, und wir schicken es Willy, damit er die ganze Klasse bei sich hat. Er schickt uns eine Zeichnung von seinem Unfall.

Plastilin

Kneten mit Plastilin stärkt die Hand- und Fingermuskeln und erlaubt auch Kindern, die nicht so gut reden können, zu zeigen, was sie von einer Sache begriffen haben. In der Darstellung wird der Gegenstand noch einmal durchdacht, die Vorstellungen klären sich, werden differenzierter. Und während des Knetens kann man nebenbei mit den Nachbarn über das sprechen, was da entsteht. Diese beiläufigen Gespräche sind sicher oft der Teil des Unterrichts, in dem am intensivsten gelernt wird.

Renates Großvater hat uns Abschnitte von Fußbodenbelag als Unterlagen besorgt. Das Plastilin gehört allen zusammen. Wir haben große Mengen besorgt und versuchen, es so aufzubewahren, daß es nicht nach kurzer Zeit hoffnungslos trocken ist.

Wir untersuchen, wie Plastilin sich verändert, wenn es geknetet oder erwärmt wird, machen absichtlich Flecken damit in alte Lappen, treten es auf dem Boden fest und merken, wieviel Mühe die Putzfrau hat, wenn uns Krümel auf den Boden fallen.

Wir lernen ein neues Spiel: Ein Kind beginnt etwas aus einem großen Klumpen zu formen. Die anderen schauen zu und überlegen gemeinsam, was das wohl werden soll. Wer die Lösung gefunden hat, berichtet, was ihn auf die Spur geführt hat. Dieses Spiel lenkt die Aufmerksamkeit der Kinder allmählich auch auf andere als die naheliegendsten Merkmale eines Gegenstandes.

Jedes Kind knetet sich selbst. Mit diesen Stellvertretern machen wir Übungen zur Mengenlehre. Und weil sie auf dem eigenen Platz sitzen sollen, wenn Elternabend ist, versucht jedes Kind, sein Ebenbild besonders ähnlich zu machen. *Ich glaub', so erkennt meine Mutti mich.*

20

Unsere Schulsachen

Ranzen sind alle gleich, bevor man sie genau angesehen und miteinander verglichen hat. Farbe, Größe, Material, Verschluß, Riemen können verschieden sein. Ranzen mit jeweils einem gleichen Merkmal werden nach vorne getragen. Bei jeder Eigenschaft sammelt sich eine andere Gruppe.

Eine Diskussion ist nicht möglich, weil die Kinder zu erregt sind über ihre Entdeckungen.

So kann man alle Schulsachen untersuchen. Manche Merkmale variieren stark. Gleich sind sie immer in den Eigenschaften, die sich aus ihrer Funktion ergeben. Und wie sie funktionieren, kann man in ersten Experimenten selbst entdecken.

Am Bleistift die Begriffe *Mine, Holz, Lack, eckig, spitz, stumpf, anspitzen* zu erarbeiten ist mühsam, weil für die Kinder uninteressant. Anders der Zusammenhang von Anspitzer und runder Spitze und unser erstes Experiment: Wir untersuchen, was der Bleistift kann.

Macht mal einen festen Strich, daneben einen leichten mit fast schwebendem Stift. Der selbsterzeugte Unterschied — hell und dunkel — ist eine Entdeckung. Auf der Blattrückseite kann man spüren, wie feste Striche sich durchdrücken, und später bei Schreibübungen selbst kontrollieren, ob man den Stift richtig hält.

Daß man den Stift schräg halten und dann rasch große Flächen schraffieren kann, ist den meisten Kindern neu.

Wir stellen fest: Farbstifte sind so gebaut wie Bleistifte und lackiert in der Farbe der Mine. Zwischen Mine und Lack sieht man das braune Holz. Diese Beobachtungen kann man in ein Blatt mit vorgezeichneten Stiften eintragen.

Ich erzähle eine Geschichte vom Kasperl, der etwas radieren will, mit dem Zeigefinger reibt und alles verschmiert. Die Kinder lachen nachsichtig, dabei versuchen sie selbst manchmal in Eile oder Aufregung sich so zu helfen und verzweifeln dann, weil alles verdorben ist. Also erforschen wir den Radiergummi und warum der Finger kein Ersatz dafür sein kann:

Jedes Kind bekommt ein Stück weißen Radiergummi, der wird auf sauberem Papier gerieben: *Da gehen ja Krümel ab.* Sie machen Bleistiftstriche, radieren wieder und vergleichen die Krümel: *Jetzt sind die Krümel ganz schwarz! Ach so, das Schwarze von dem Bleistift geht in die Krümel! Und nämlich der Finger macht gar keine Krümel.*

Wir versuchen, leichte und feste Striche zu radieren: Von den festen bleiben immer Spuren. Farbstifte lassen sich schlecht radieren und Wachsmalstifte überhaupt nicht. Solche bewußten Erfahrungen ersparen den Kindern künftig verschmierte Arbeiten und mir dauernde Mahnungen: *Drück nicht so auf! Nimm den Radiergummi!*

Der Umgang mit dem Spiralhefter und der Jurismappe, in denen wir die Arbeitsblätter zunächst aufbewahren, muß geübt werden, damit nicht alle Blätter gleich verknickt sind. Mit den Arbeitsblättern kann ich jede Aufgabe so stellen, daß die Kinder bei der Lösung nicht durch im Augenblick unwichtige Schwierigkeiten behindert werden. Ich habe immer ein paar Blätter mehr bereit, als Kinder in der Klasse sind. Wer einen Fehler gemacht hat, darf frisch anfangen, mit Übungsgewinn statt mit ausgebesserten Fehlern, die entmutigen würden.

Daß man im Heft ein Blatt nach dem anderen benutzen sollte, ist manchen Kindern nicht selbstverständlich. Wir üben das Blättern. Und wenn etwas im Heft einmal nicht gelungen ist, macht man die Aufgabe noch einmal auf ein Blatt und klebt es über die mißlungene Seite. Dann kann man die Niederlage vergessen.

Obst und Gemüse

Die Küche ist die Werkstatt, die jedem Kind zugänglich gemacht werden kann. Dort etwas Nützliches für die Familie zu tun ist mehr, als immer nur zu spielen, als ob . . . Man lernt an alltäglichsten Erfahrungen, sich nicht mit dem Konsum zu begnügen. Man lernt, wie das Essen zubereitet wird und was wichtig ist, damit es schmeckt.

Doch bevor wir in die Praxis gehen, müssen erst einmal verschiedene Dinge gelernt werden. Obst und Gemüse sind zweierlei. Obst gehört nicht in die Gemüsesuppe. Gemüse wird weich, wenn man es kocht. Ohne Salz schmeckt die Suppe nicht.

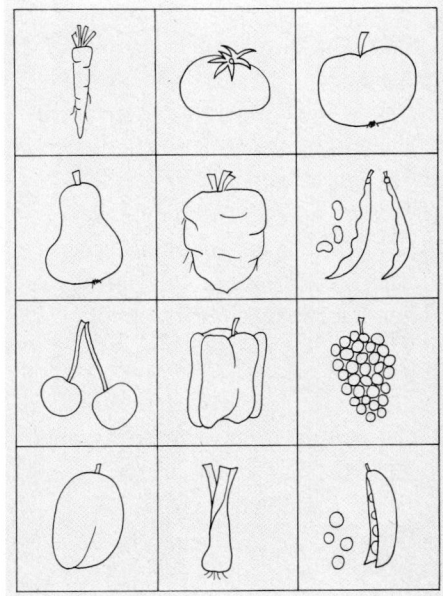 

Ich habe verschiedenes Obst und Gemüse auf Zettel gezeichnet und mit Tesakrepp an die Tafel geheftet. Die Bilder sollen unter den passenden Oberbegriff geordnet werden. Sind Tomaten Obst oder Gemüse? *Überlege mal: Ißt du sie mit Salz oder mit Zucker?*

Viele Kinder möchten nach vorn kommen und an der Tafel zeigen, was sie können. Wenn die Aufgabe nach zwei, drei Beispielen klar ist, rufe ich bevorzugt gehemmte Kinder. Sie bekommen vor der Klasse die Ermunterung, die sie brauchen, um hernach mit der Arbeit am Platz rasch beginnen zu können.

An der Tafel ist alles geordnet, sie wird geschlossen. Noch einmal nenne ich die Aufgabe, dann beginnt jedes Kind, seine Bildchen zu ordnen: zuerst nur legen. Wenn alles klar und vom Nachbarn oder von mir bestätigt ist, aufkleben. Dabei wird viel geschwatzt, ob etwas hier oder dort hingehört oder wie die Möhren am besten schmecken. Man muß auch durchaus nicht immer beim Thema bleiben.

Gemüsesuppe

Ich habe Gemüse mitgebracht. Wer etwas darüber sagen kann, darf sein Gemüse hochhalten. Alles soll in eine Suppe und muß kleingeschnitten werden, und manches muß vorher geschält werden.
Jedes Kind hat Messer und Brettchen mitgebracht. Das Gemüse wird verteilt. Es macht Spaß, zu erleben, wie sich der Topf in Minuten füllt.

Christine ist schon fertig mit ihrer Möhre. Barbara hat noch ein Stück Sellerie und teilt es mit Christine. Jeder will mal umrühren. Alle sind sehr bei der Sache.
Nach der Pause ist das Gemüse gar. Drei Kinder schmecken mit Salz ab. Dann bekommt jeder einen Joghurtbecher voll viel zu heißer Suppe und sucht sich einen Platz zum Essen. Als ich aufschaue vom Austeilen, sitzen überall, auch in den offenen Fenstern, Kinder und pusten und schwatzen und essen. Unsere Suppe schmeckt gut.

Manche Kinder holen sich noch mehr. Martin, der einen großen Bruder hat und so reden möchte wie der, sagt zu mir: *Das Teufelszeug schmeckt verdammt gut!* Und Sevim gibt mir einen Kuß, als ich mich bücke: *Bravo, Suppe ist gut!*

Wir haben Suppe gekocht, sie hat geschmeckt, und kein Kind hat sich beim Schneiden verletzt. Das gemeinsame Erlebnis hat alle Kinder freundlich gestimmt. Ohne viel Reglementierung haben alle zusammengearbeitet. Das ist die Mühe des anschließenden Aufräumens wert. Zwei Mütter, die zufällig hereinschauen, fassen schnell mit an.

Am nächsten Tag ergibt sich die Frage: Was zeichnen wir auf die Bildseite der Wortkarte „wir"? *Uns alle bei der Suppe! O ja!* — Man spürt: Nicht nur ich und du und du sind hier. Das alles sind jetzt *wir*.

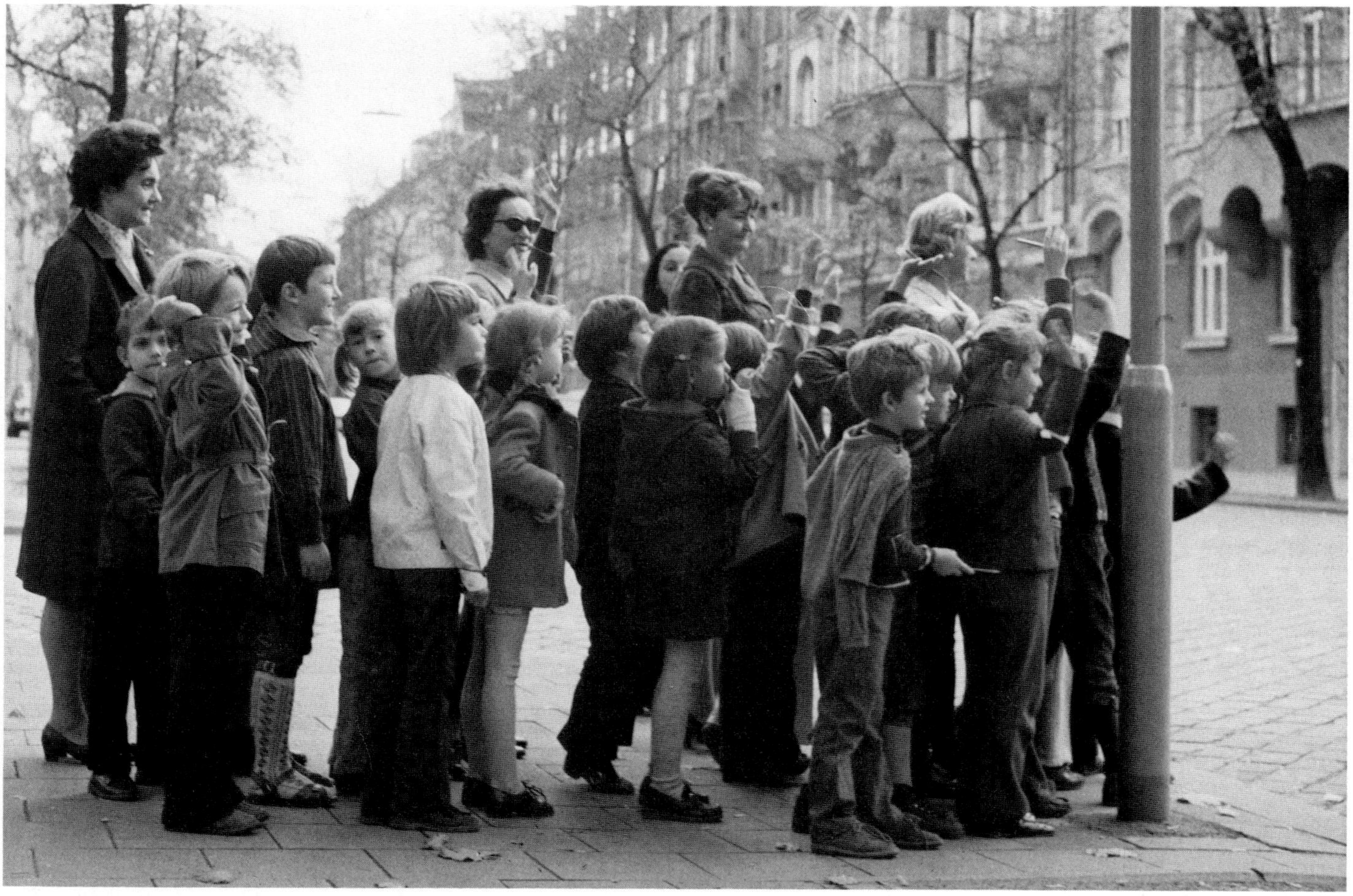

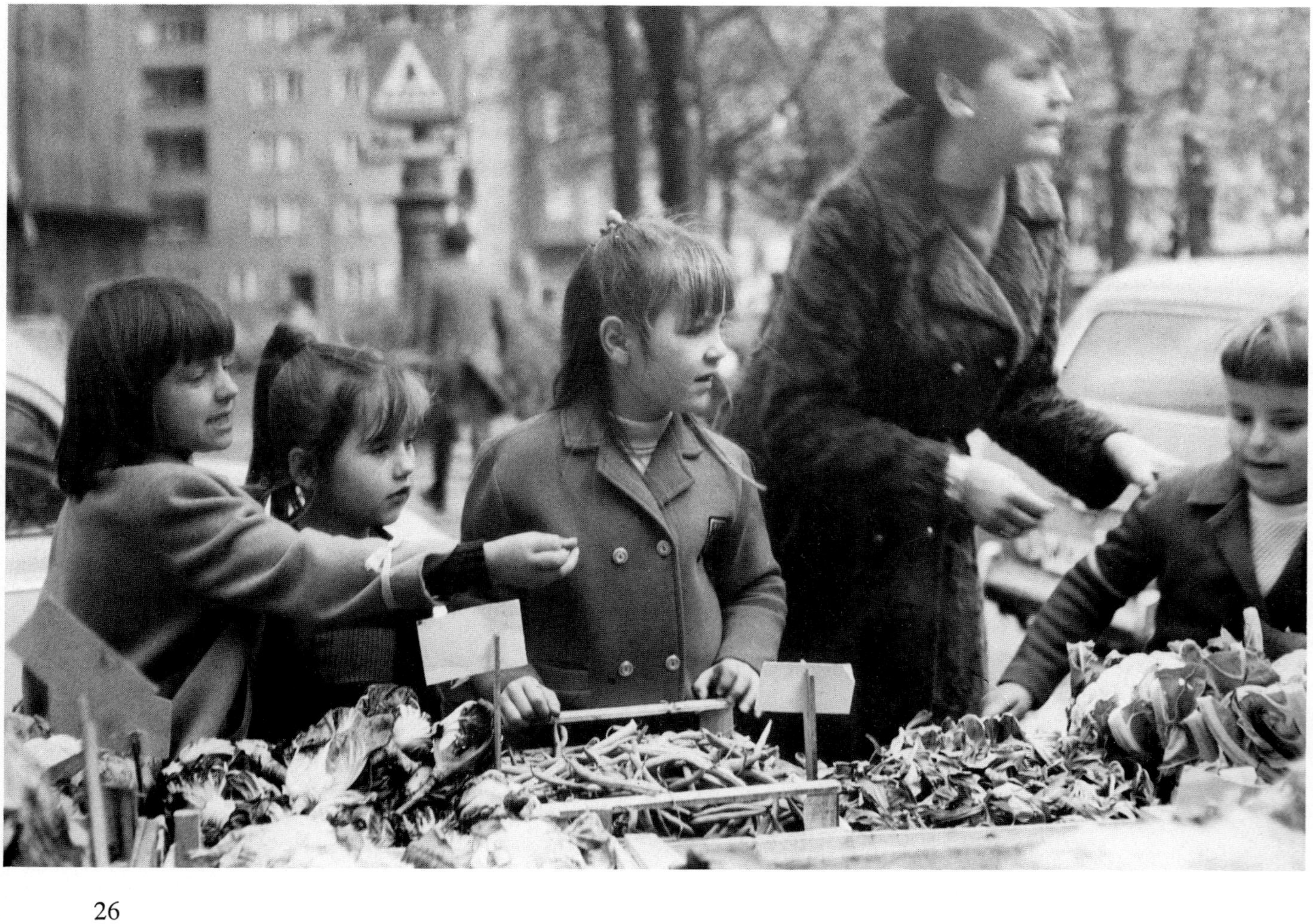

Elisabethmarkt

Man geht eine Viertelstunde bis zum Elisabethmarkt. 43 Kinder sind in der Klasse. Sieben Mütter habe ich telefonisch gebeten, uns zu begleiten. Jede Mutter bekommt sechs Bändchen in einer Farbe, die sie ihren Kindern um den Arm bindet. So behalten wir den Überblick, und jedes Kind sieht, zu welcher Gruppe und zu welcher Mutter es gehört.

Der Weg zum Markt geht über verkehrsreiche Straßen. Der Herdentrieb verführt die Kinder leicht, hintereinander herzulaufen, auch wenn die Ampel schon wieder Rot zeigt.

Auf dem Markt trennen sich die Gruppen. Jedes Kind hat ein großes weißes Blatt, um möglichst viele Dinge, die es sieht, mit einer Zeichnung zu notieren. Das klappt wider Erwarten auf Anhieb. Die Mütter müssen nur Fragen beantworten und aufpassen, daß sich kein Kind, in Betrachtungen versunken, irgendwohin verkrümelt.

Nach zwanzig Minuten hat jede Gruppe noch eine Aufgabe: Für eine Mark soll sie Obst einkaufen, und zwar möglichst viel verschiedene Früchte. Die Marktfrauen sind großzügig und stören mei-

nen Plan vom kalkulierten Gruppeneinkauf durch viele Geschenke.

Als wir wieder in der Klasse sind, kommen einige Kinder mit ihren Notizzetteln nach vorne und berichten, was sie auf dem Markt gesehen haben.

Ich sammle alle Zettel ein und verspreche, sie anzusehen, und freue mich sichtlich über die zahlreichen Beobachtungen. Das genügt als Anerkennung. Die Hausaufgabe an diesem Tag: Aus Zeitungen und Illustrierten Bilder von Obst und Gemüse ausschneiden und mitbringen.

Am nächsten Morgen habe ich kleine Stückchen von Tesafilm auf den Rand von ein paar Gläsern geklebt und bereitgestellt. Einige Bilder sind schon an die Wand geheftet: hier Obst — dort Gemüse. Die Kinder hängen ihre Bilder dazu, bewundern sie gegenseitig, beraten sich. Mit Sprechreihen prüfen wir, ob alles richtig hängt: *Die Birne gehört zum Obst! Die Tomate gehört zum Gemüse.*

Obst

Als wir vom Markt zurückkamen, hatte
jede Gruppe ihre Obsttüte mit einem
Bändchen abgegeben. Nach Schul-
schluß habe ich an der Tafel die Einkäufe notiert und mit den Bändchen
gekennzeichnet.

Nach der Pause am nächsten Tag
stellen wir die Tische um: Jede Gruppe
soll beisammensitzen. Wir besprechen
die Einkäufe, vergleichen die Gruppen-
ergebnisse.

Ich erzähle von den Früchten, die aus
fernen Ländern kommen.

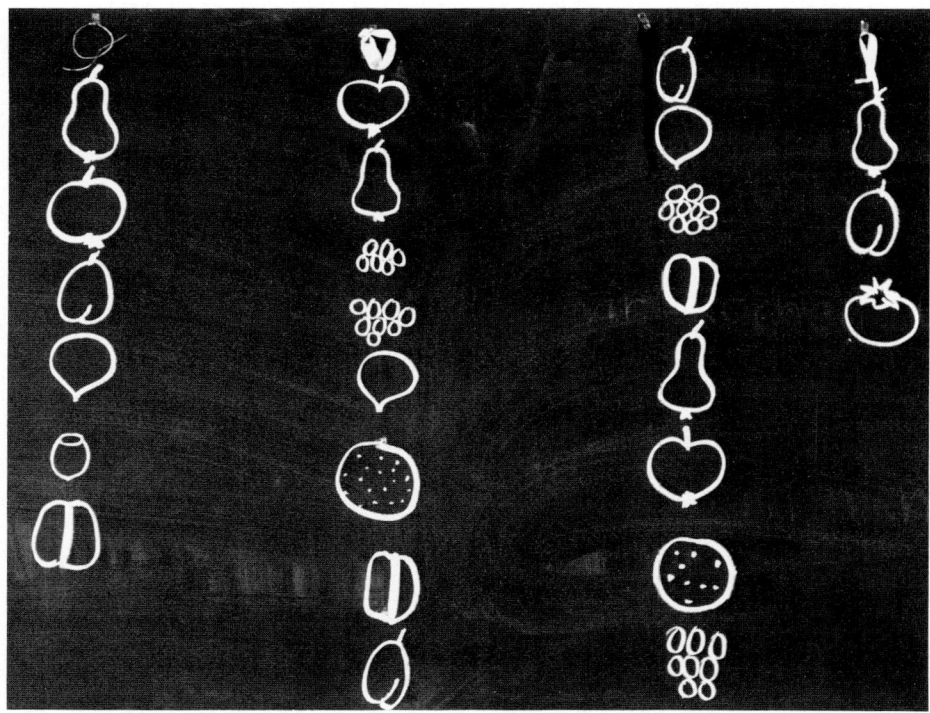

Obstsalat

Für einen Salat muß das Obst gewaschen und zerschnitten werden. Jede
Gruppe bekommt ihre Portion Obst,
eine Schüssel, Zucker, Zitronensaft.
Brettchen, Löffel und Messer haben
die Kinder mitgebracht. Ein Gruppen-
chef sorgt dafür, daß alles richtig zerschnitten wird.

Sich beim Abschmecken zu einigen ist
so schwierig, daß manche Gruppen
immer abwechselnd Zucker und Zitronensaft in den Salat schütten, bis
beides verbraucht und die Schüssel fast
leergeschmeckt ist.

Das Aufräumen nach der Mahlzeit ist
mühsam. Die Kinder sind etwas erschöpft.

Laute und Buchstaben

Etwa ein Drittel auch der schulreifen Kinder hat große Mühe, Laute zu erkennen und voneinander zu unterscheiden. Sie wissen nicht genau, ob sie in *Hase* ein *a*, ein *u* oder ein *o* hören. Ein besonderes Problem ist das *e*: Es tritt in zu vielen Verkleidungen auf, klingt in jedem Wort anders.

Von Anfang an trainieren wir die Fähigkeit, Laute zu erkennen, z. B. so: Die Kinder bekommen ein Blatt voller Bilder, darüber steht *au*. Das bedeutet, daß alle die Bilder eingekreist werden sollen, deren Namen ein *au* enthält, alle anderen werden durchgestrichen. Wir sprechen gemeinsam jedes Wort mehrmals aus, horchen hinein, und wer sich entschieden hat, hebt den Finger. Manche Kinder hören sofort deutlich, ob der gesuchte Laut dabei ist, andere müssen sich das Wort zwanzigmal vorsprechen, bis sie sich entscheiden können. Darum gebe ich solche Blätter als Hausaufgabe, sobald alle die Arbeitsmethode beherrschen. Die eingekreisten Bilder dürfen angemalt werden, das ist Festigung und Belohnung zugleich.

Am leichtesten sind die gesuchten Laute am Wortanfang und -ende zu erkennen oder in kurzen Wörtern. Ich kann also mit der Wortwahl die Schwierigkeit stufen oder auf einem Blatt mischen, oder ich teile unterschiedlich schwere Blätter aus.

Die Übung, zu einem gegebenen Laut Wörter zu suchen, ohne daß eine Auswahl angeboten wird, überfordert in den ersten Monaten manche Kinder. Wir suchen z. B. Wörter mit *sch*. Emanuel bietet, schwankend zwischen Draufgängerei und Bravseinwollen, *Scheiße* an. Er darf sich auch vorstellen zu *Waschmaschine*, *Schokolade* und *Fisch*. Aber ich sage ihm auch: *Manche Erwachsenen hören das nicht gern.*

Eine in den ersten Wochen sehr beliebte Übung: Auf einem Blatt stehen zwölf bis fünfzehn Wörter mit passendem Bild. In jedem Wort soll derselbe Buchstabe eingekreist werden. Auflage: *Sprich dir das Wort dabei vor!* Schwieriger wird es, wenn auf ähnlichen Blättern in allen Wörtern derselbe Buchstabe fehlt und eingesetzt werden soll. Wieder muß man sprechen und horchen.
Manchmal suchen wir mit dem *Schiebeturm* aus den Wörtern der Bild-Wort-Kärtchen bestimmte Buchstaben heraus. Weil die Wörter geläufig sind, sind die Lautwerte auch durch inneres Hören ohne Sprechen zu erkennen.

Wie wichtig vielfältige Übungen der optischen Unterscheidungsfähigkeit und des Wortbildgedächtnisses sind, zeigt ein Versuch, den wir nach einigen Schulwochen in mehreren Klassen durchführten: Acht Wortbilder sollen unter jeweils drei Alternativen wiedererkannt und angekreuzt werden. Etwa ein Drittel der Kinder jeder Klasse hat Mühe damit.

Als Hausaufgabe machen die Kinder oft einen *Klebeturm*. Dann werden aus einem hektografierten Blatt, aus Katalogen oder Zeitungen Wörter ausgeschnitten und so auf einen senkrechten Strich geklebt, daß schließlich lauter gleiche Buchstaben übereinanderstehen. Diese Arbeit wird durch die verschiedenen Schrifttypen und Farben interessanter. Und man entdeckt auch Wörter, die man schon lesen kann.

Manche Buchstaben werden leicht verwechselt. Also üben wir, sie zu unterscheiden, besonders *Mm* und *Ww*, *Mm* und *Nn*, *Ff* und *Tt*, *Nn* und *Uu*, *g* und *d*. Sie werden in Zeitungen gesammelt, indem z. B. alle *M* durch einen grünen Filzstiftfleck, alle *N* durch einen roten hervorgehoben werden. Oder ich teile ein Blatt voller *W*, *w*, *M* und *m* aus, auf

dem wieder gleiche Buchstaben gekennzeichnet werden müssen. Das sind Methoden der Legasthenikerbehandlung, die hier sozusagen zur Vorbeugung benutzt werden.

Um jedem Kind die Möglichkeit zu geben, auf die ihm gemäße Weise lesen zu lernen, gibt es schon nach wenigen Tagen die ersten Einzelbuchstaben, die mit Hilfe des Lesepeters mit ihrem Lautwert eingeführt werden. Ich erzähle eine Geschichte, die mit dem jeweils neuen Laut endet, die Kinder stimmen ein, und ich schreibe den Buchstaben an die Tafel. Dann teile ich die Bild- und Buchstabenkarte aus. Inzwischen kramen die Kinder in den Karten, die sie schon bekommen haben. Diese Karten sind vor allem ein Übungsmittel für daheim, das die Kinder auch ohne Hilfe durch Erwachsene nutzen können, weil die Bildkarte immer wieder an den Lautwert eines vielleicht vergessenen Buchstabens erinnert. Die Kinder üben auch miteinander oder mit ihren Eltern. Sie lassen sich fragen: *Wo ist das große A?* Und später schwerer: *Wie heißt dieser Buchstabe? Weißt du ein Wort, in dem er vorkommt?*

Bei Zeigeübungen mit der ganzen Klasse kann ich immer wieder feststellen, welche Buchstaben einzelnen Kindern besondere Schwierigkeiten machen, und dann — meistens in Zusammenarbeit mit den Eltern — helfen, die Rückstände aufzuholen, bevor sich zu viele ansammeln.

Um begreiflich zu machen, warum es von jedem Buchstaben einen großen und einen kleinen Bruder gibt, mache ich die Kinder darauf aufmerksam, daß Namenwörter mit einem großen Buchstaben beginnen, aber sonst alle Buchstaben klein sind. Anwendung der Regel: Auf einem Blatt mit Bildern steht neben dem Bild ein *F* und ein *f*.

Die Frage ist, welches in dem Wort, das dazu gehört, aber nicht dasteht, vorkommt. Das muß eingekreist, das andere weggestrichen werden.

Eine sehr schwierige akustische Unterscheidungsübung fordern Blätter dieser Art: Um ein Bild herum stehen viele Einzelbuchstaben. Es sollen die eingekreist werden, die in das entsprechende Wort gehören. Um das herauszufinden, muß man ganz genau ins Wort horchen. Hierbei Fehler zu machen ist ungefährlich, weil gar kein zusammenhängendes Wortbild entsteht und sich also auch kein falsches einprägen kann. Aus solchen Blättern erfahre ich, wo die Kinder Schwierigkeiten haben, gegen welche Fehlertendenzen sie gewappnet werden müssen.

Wenn alle Buchstaben bekannt sind, sollte beim Erlesen neuer Wörter nicht buchstabiert werden. Gehemmte Kinder halten sich sonst zu lange daran fest, weil es ungefährlich ist, und der Sprung zum Zusammenlesen fordert dann zuviel Mut. Ich gebe den Kindern einen *Lesestall*, einen Streifen halbdurchsichtige Folie. Damit wird das Wort zugedeckt, buchstabenweise freigegeben und immer gleich alles gelesen, was *r — rau — raus — raussch — rausschau — rausschaut*. Die Folie gliedert das Wort, ohne es ganz zu zerstören.

Wortreihen mit *Zaubersteinen* erleichtern das Verschleifen: *ich, mich, sich, Licht . . .* Wer einmal lesen kann, vergißt, wie schwierig das war, alle diese Schritte zu tun: die einzelnen Buchstaben erkennen, sie miteinander verbinden, in der Verbindung einen Sinn empfinden und schließlich das Wort so aussprechen, wie man es oft gehört hat und kennt. Erst jetzt ist es ganz erfaßt. Dieser letzte Schritt, das Wiedererkennen eines Wortes, kann so geübt werden: Auf einem Blatt stehen untereinander viele Wörter, ringsum sind Bilder verstreut. Jedes Wort soll durch einen Strich mit dem passenden Bild verbunden werden. Ein falscher Strich kann mit zwei kleinen Querstrichen ungültig gemacht werden.

Au au

R r

A
a
MAGAZIN
SUMA
Fahrer.
Supermarkt
Europa
TENGELMANN
Kneippheilbad
Nordamerika
Mandat
nach
Milliarden
Atlantik
TRAUBE
SPAR
ISRAEL
Das
Exlan
A
a

H R m k o au s
u L m o t ei s r e
o m e K r au b
Au m F e t o
m o e r A p l i
m o i au B k r
pf s t A r l k e
B m u tt s a r k l

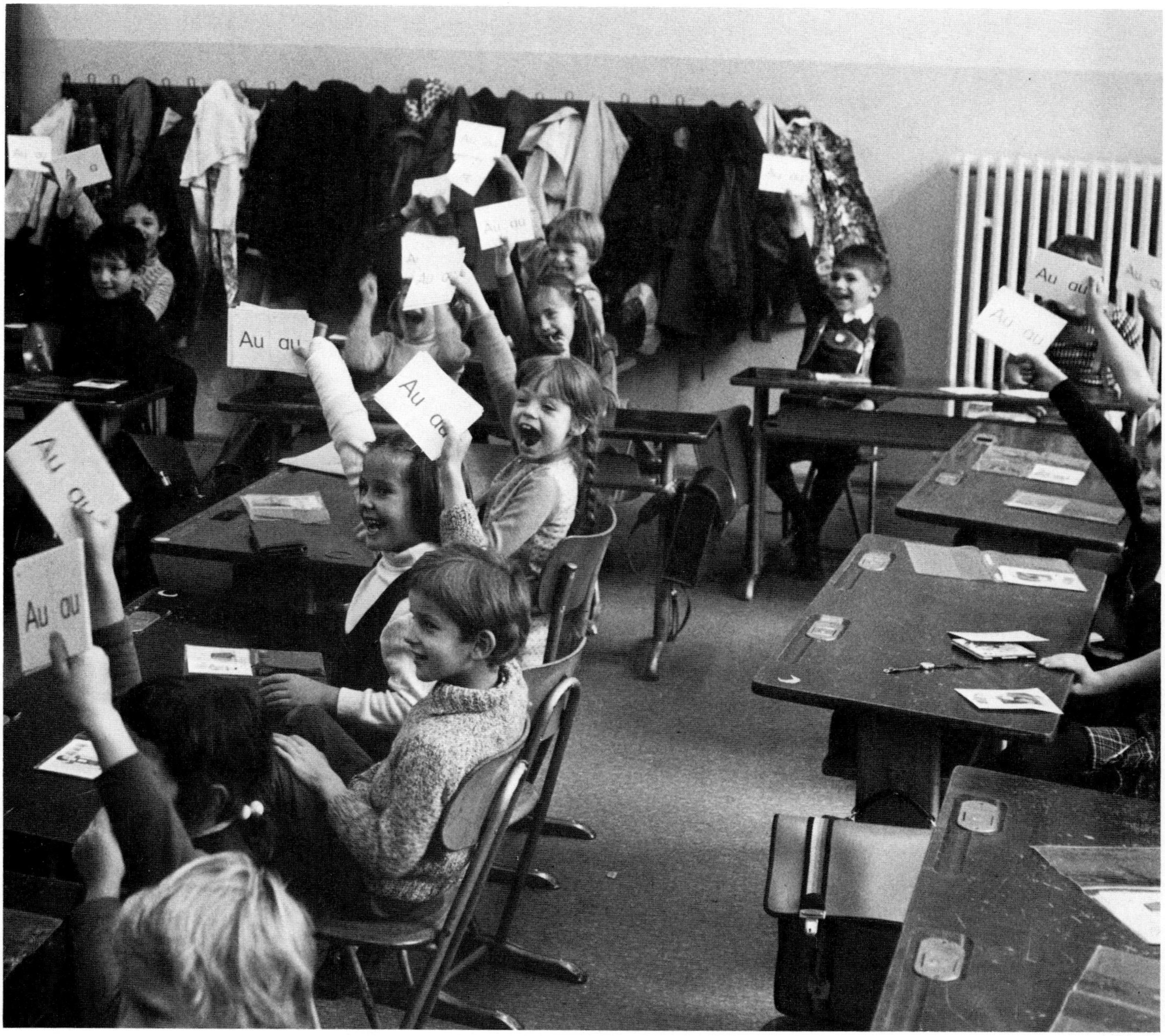

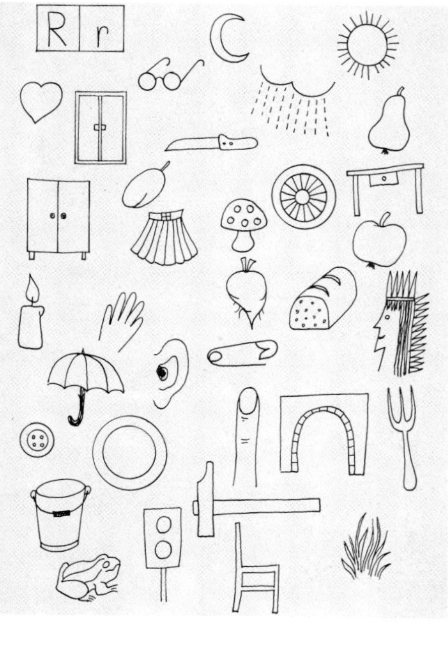

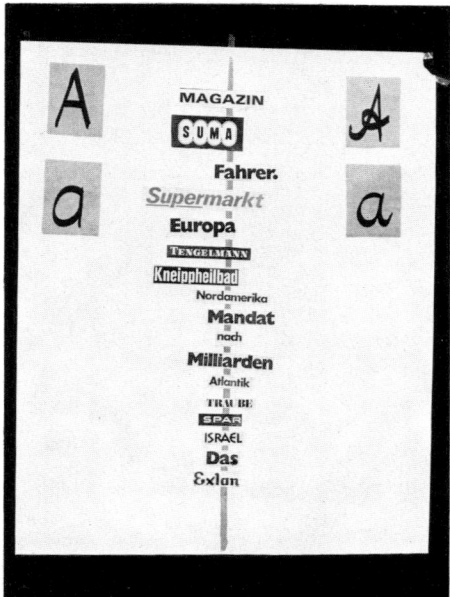

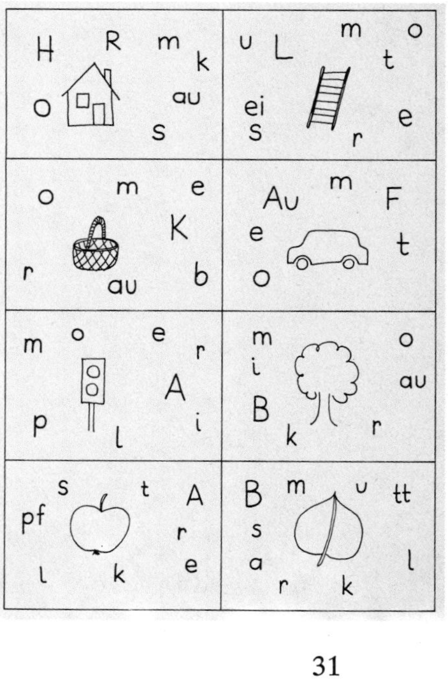

Unsere türkischen Freunde

Wir haben in unserer Schule und besonders in meiner Klasse ausländische Kinder. Italiener, Tschechen, Ungarn, Jugoslawen und Spanier fallen wenig auf, weil sie recht gut Deutsch sprechen und die Familien einigermaßen integriert sind. Außerdem unterscheiden sie sich äußerlich nicht so sehr von deutschen Kindern.

Anders die Türken. Sie sprechen meistens kein Deutsch, wenn sie in die Schule kommen, leben in erbärmlichen Wohnungen, kommen außerhalb der Schule kaum mit Deutschen zusammen und sind überall sofort zu erkennen. Nur wenn der Lehrer sich immer wieder für sie einsetzt, ihre besondere Situation und ihre oft überraschenden Reaktionen den anderen Kindern verständlich macht, können sie ein Teil der Klasse werden.

Sami, Sevim, Güla und Ümit verstehen am Anfang des Schuljahres nichts von dem, was in der Klasse gesprochen wird, und fallen häufig aus dem Rahmen. Immer wieder passiert das gleiche: Ich bitte um Ruhe, weil ich etwas zeigen oder erklären möchte.

Wenn es dann tatsächlich ruhig geworden ist, beginnen die türkischen Kinder zu singen oder vor sich auf den Stuhl zu trommeln. Was veranlaßt sie dazu? Die Stille, das Nichtstun oder versuchen sie so, sich über die Beunruhigung durch die unverständliche Sprache hinwegzuhelfen?

An vier Tagen in der Woche bin ich nach dem Unterricht etwa eine halbe Stunde mit ihnen allein. Dann üben wir Deutsch, versuchen, miteinander zu reden und Unverstandenes aus dem Unterricht zu klären. Vor allem aber habe ich dann wirklich Zeit für sie. Dadurch entsteht bei ihnen ein Vertrauen und eine Herzlichkeit, die auch durch stärkere Belastungen bald nicht mehr zu stören sind.

unsere türkischen Freunde

Sami   Güla

Ümit   Sevim

In der vierten Woche ergibt es sich, daß sie mir türkische Lieder vorsingen und bitten: *Wir singen, für die anderen Kinder!* Als es dann soweit ist, stehen sie vor der Klasse, sind verlegen, retten sich in Faxen und kommen mit keinem Lied richtig in Schwung.

Schließlich aber gelingt eines. Die Zuhörer klatschen, und Christine gibt Sevim einen Kuß. Viele Kinder versuchen, *unsere Türken* zu umarmen.

Als sie weitersingen und trommeln, beginnt Karin, die in den Ferien einmal in der Türkei war, zu tanzen. Die anderen Kinder klatschen dazu, und Karin hört erst auf, als sie völlig erschöpft ist.

In den nächsten Wochen sind die meisten Kinder, vor allem aber die türkischen, überpünktlich, weil sie dann vor dem Unterricht noch singen, trommeln und tanzen können.

Aber auch als die türkischen Kinder in der Klasse ihren Platz gefunden haben, entstehen immer wieder neue Probleme, und zwar vor allem in der Pause. Dann treffen sich die Türken aus allen Klassen in einer Ecke des Schulhofes und setzen sich so deutlich als Randgruppe ab, daß sie sofort Aggressivität herausfordern. Von Zeit zu Zeit sprechen wir in der Klasse über die besondere Rolle der ausländischen Kinder und wie im einzelnen Fall die Feindseligkeiten zwischen ihnen und anderen Kindern entstanden sind.

Und manchmal gehe ich mit meiner Klasse auf den Hof, wenn die anderen Klassen nicht draußen sind, damit sich bei unseren ausländischen Kindern die Gewohnheit entwickelt, sich auch in der Pause an die Kinder aus der eigenen Klasse zu halten, mit ihnen zu spielen, anstatt sich aggressiv von ihnen abzusetzen.

male
malt
gehen
malen
malst
spielst
spielt
spielen
spiele

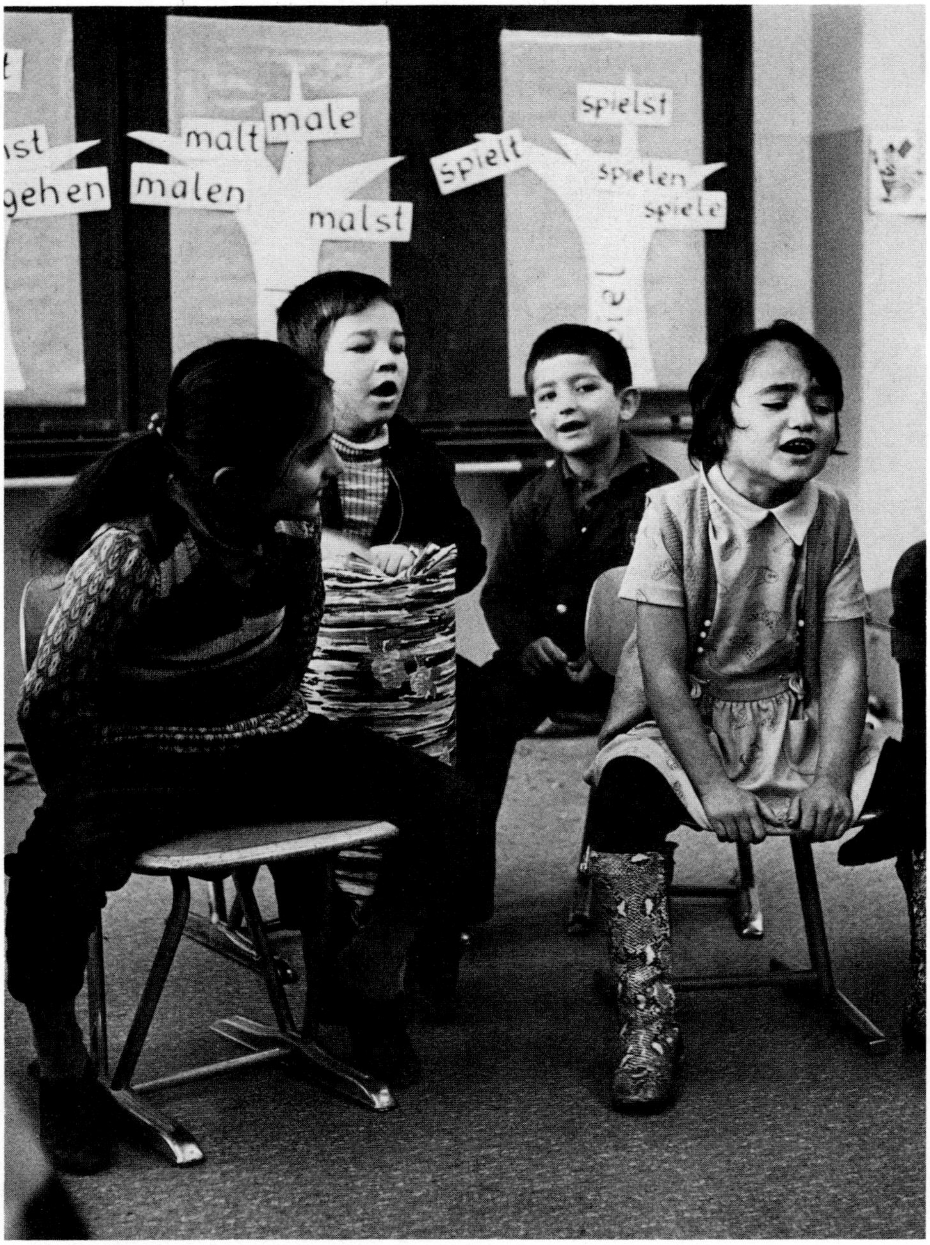

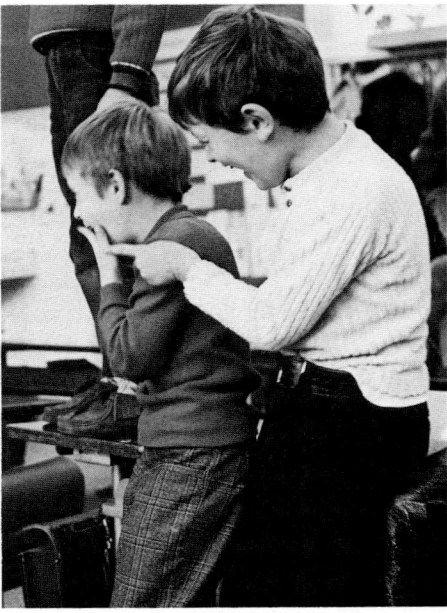

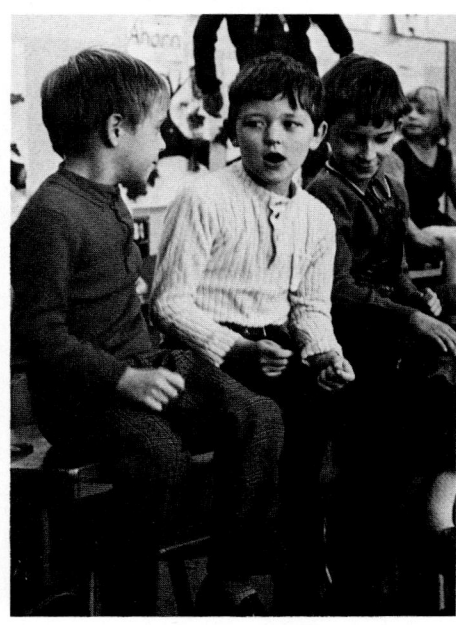

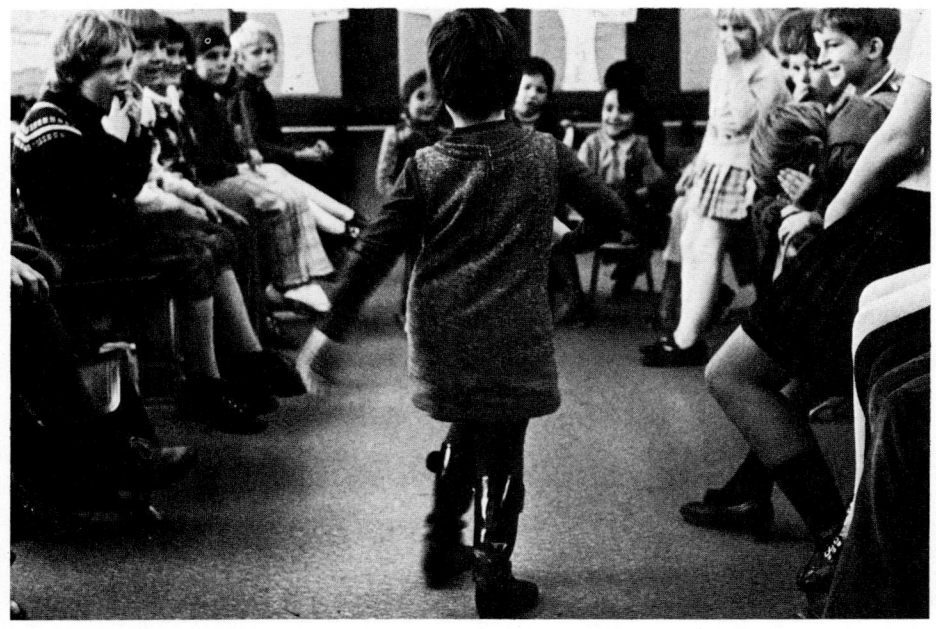

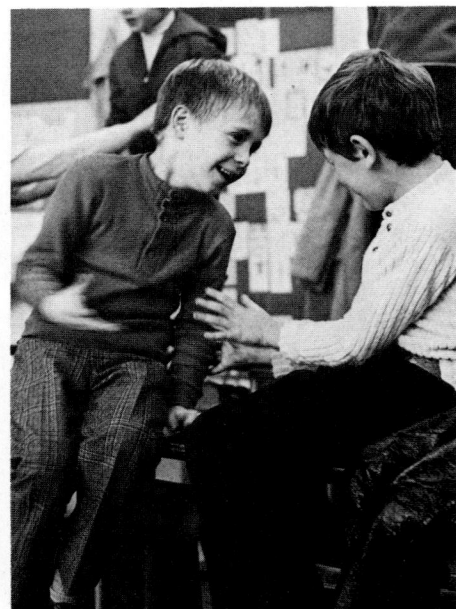

Vorräte

Wie verändert sich eine Kartoffel, wenn sie gekocht wird? Was geschieht, wenn man rohe und gekochte Kartoffeln, geschält oder ungeschält liegenläßt? Wir vergleichen und beobachten über lange Zeit. Die ungeschälte Kartoffel in der Pappschachtel bekommt hellgelbe Keime, die außen daneben liegt, bekommt grünliche Keime und Monate später sogar kleine Blättchen und winzige Kartöffelchen. Eigentlich sollten wir im Herbst einen Ausflug machen, damit jedes Kind einmal ein Nest Kartoffeln ausbuddeln kann. Alle Kinder haben schon beim Einkaufen geholfen. Wie viele Vorräte daheim lagern, wird ihnen erst bewußt, als sie aufhaben, sie zu zeichnen. Manche Lebensmittel sind verderblich, das hat jeder schon erfahren. Ich erkläre, daß Bakterien die Speisen verderben, dazu aber Wärme, Feuchtigkeit und Sauerstoff nötig sind.

Die Kinder wissen schon, daß in der Luft ringsum für uns unsichtbare Bakterien sind, und verstehen, daß sie aus der Luft in die Speisen kommen können. Nun entdecken sie, welche Rolle der Kühlschrank spielt.

Wir setzen einen Versuch mit Apfelmus an: Eine Schale Mus wird offen hingestellt, ein Glas voll wird zugedeckt, eins luftdicht verschlossen mit Hilfe von Alkohol. Vorher sehen wir, daß eine Kerze unter einem Glas rasch verlischt und daß das unter einem größeren Glas später passiert. Die Erklärung, die Flamme verbrauche beim Brennen Luft, ist einleuchtend. Ich zünde Alkohol im Weckglasdeckel an, stülpe ihn um, drücke ihn fest auf das Glas, und wir sehen noch kurze Zeit eine Flamme. Dann sitzt der Deckel fest. Das ist so geheimnisvoll, daß viele Kinder nach vorne laufen und den Deckel anfassen wollen.
Wir erwarten nun, daß sich in diesem Glas keine Bakterien entwickeln, weil keine Luft mehr drin ist.

Nach zwei Tagen beginnt auf der offenen Schale Schimmel zu wachsen; vier Schimmelarten wuchern, bis das Mus trocken ist. Das zugedeckte Apfelmus beginnt nach vier Tagen zu gären. Im zugeweckten Glas geschieht nichts, bis jemand den Deckel gelockert hat.

Kasperl hat Hunger
er geht einkaufen
* 2 Tomaten
3 Semmeln
1 Möhre
4 Kartoffeln
1 Flasche Milch
2 Löffel Zucker
1 Löffel Salz
2 Würstchen
er ißt alles auf
und morgen?
morgen hat Kasperl wieder
Hunger
er geht wieder einkaufen
er hat keine Vorräte
wie dumm

wir haben Hunger
die Mutter geht einkaufen
* viel Wurst
viel Käse
viel Brot
viel Butter
viel Gemüse
viel Obst

morgen haben wir wieder Hunger
Mutter hat noch Wurst
und Brot und Butter
und Käse und Obst
und Gemüse
die Mutter hat Vorräte
wie klug

neu: [viel] [wieder] [wie] [klug] Hunger Vorräte
morgen

Kasperl will Fisch essen
Kasperl kauft Fisch
viel Fisch
Montag ißt Kasperl Fisch

Kasperl hat noch Fisch
Dienstag ißt er nicht Fisch
Mittwoch ißt er nicht Fisch
Donnerstag will Kasperl
Fisch essen
der Fisch stinkt
der Fisch ist schlecht
wie dumm!

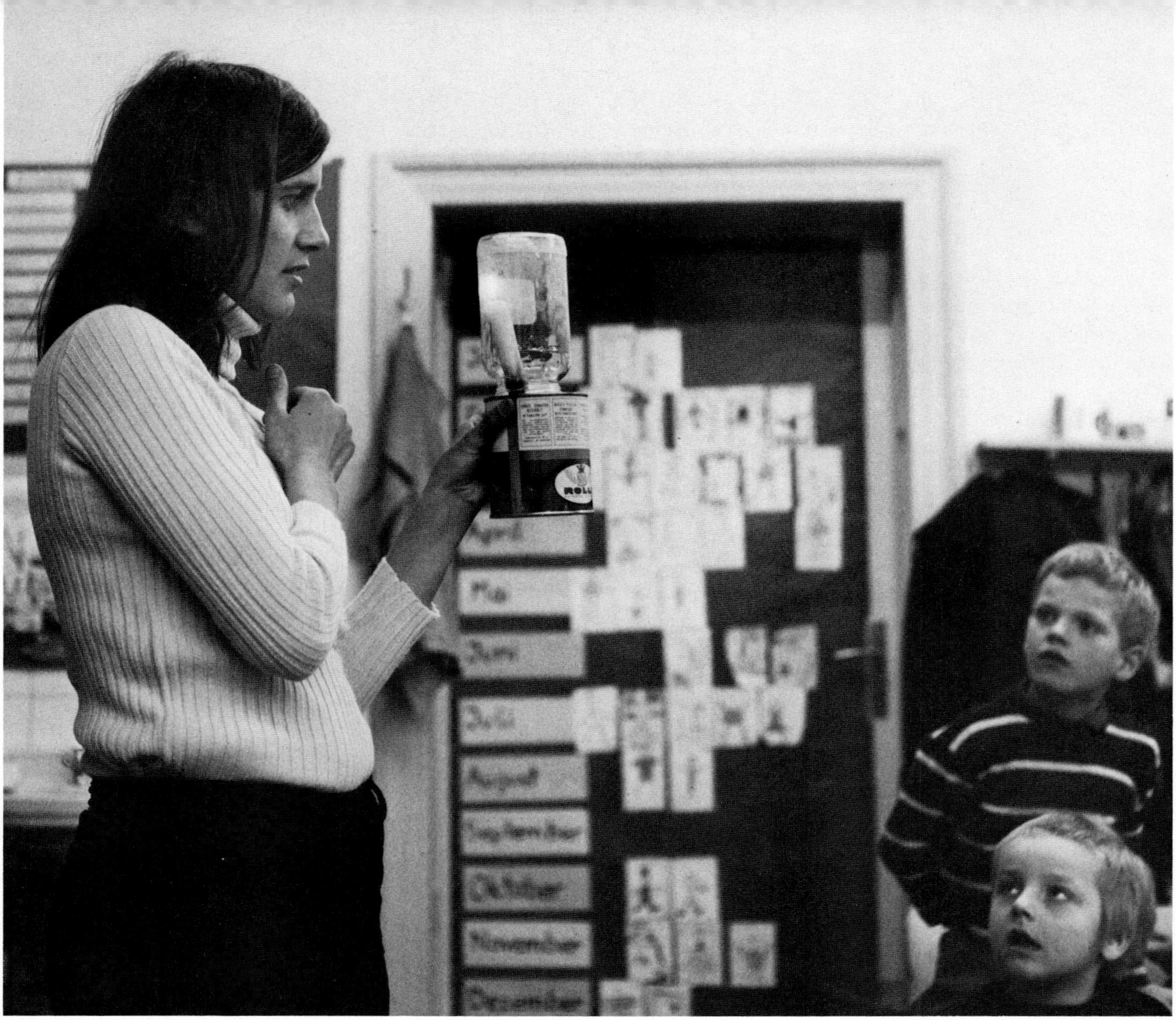
Mai
Juni
Juli
August
September
Oktober
November
Dezember

asperl
An die
Klasse 1b
Volksschule an der
Wilhelmstraße
8 München-Schwabing
offen
mit Luft
konservie

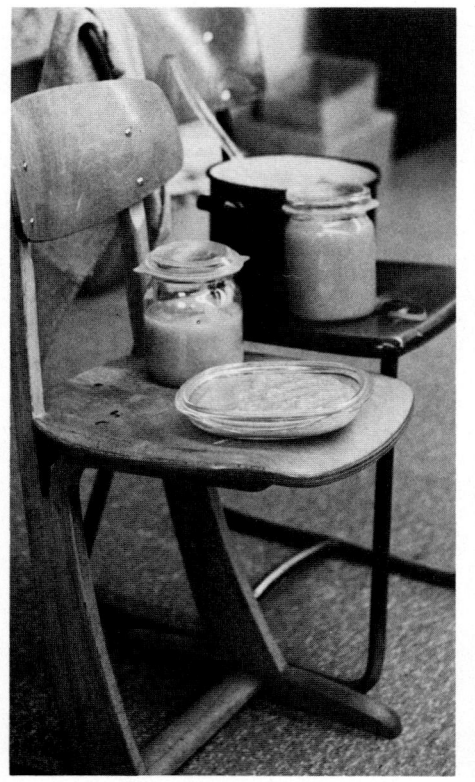

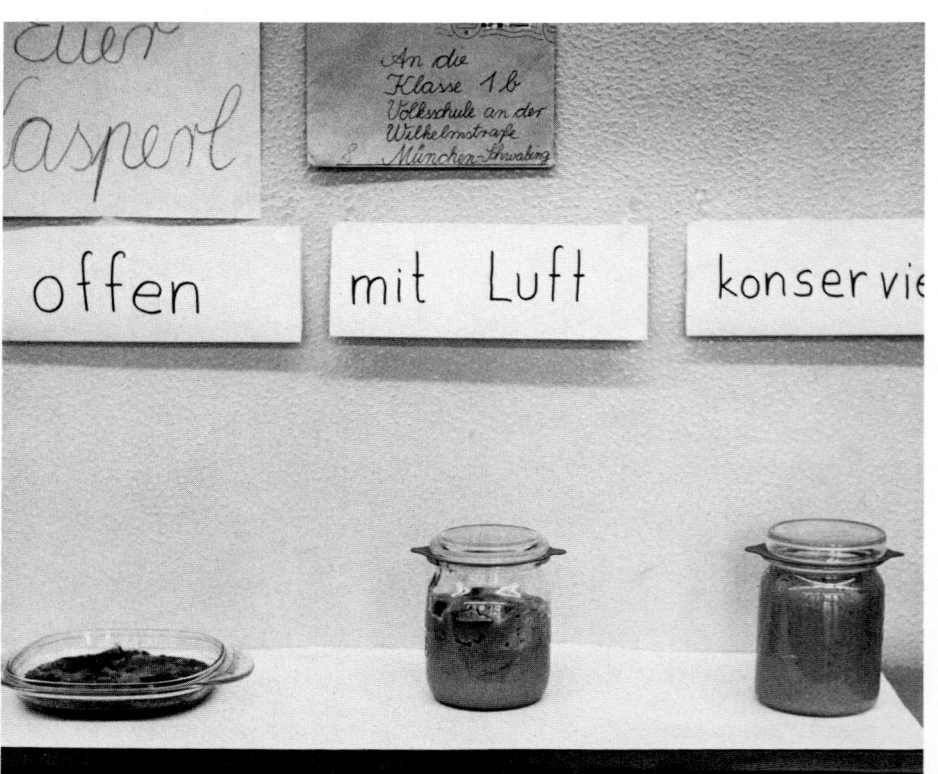

Supermarkt

Wir besuchen den Supermarkt um die Ecke. Jeder hat drei Zettel mit, auf denen jeweils eine Möglichkeit der Konservierung angegeben ist: trocken bzw. kalt bzw. ohne Luft.

Die Aufgabe: auf jeden Zettel Lebensmittel zeichnen, die so konserviert im Supermarkt zu kaufen sind.

Später werden wir sehen, daß getrocknete Bohnen und Erbsen noch keimen können, tiefgekühlte und eingeweckte aber nicht.

Regeln beachten

Die Schule zwingt den Kindern einen Verhaltensstil auf, der oft erheblich abweicht von dem, den sie bisher gewohnt waren. Ich versuche, die allgemeinen Regeln beweglich zu halten. Das heißt, daß sie sehr wohl verbindlich sind, aber ohne Angst verändert werden können, wenn sie sich als ungeeignet erweisen. Um mitentscheiden zu können, brauchen die Kinder auch die Erfahrung, wie das Zusammenleben in der Klasse ohne die jeweilige Regel aussieht. Ich darf also nicht — so verführerisch das auch sein mag — von vornherein alles reibungslos organisieren. Ein Teil der Regeln sollte sich für die Kinder aus ihren eigenen Bedürfnissen herleiten.

So ergibt es sich, daß für bestimmte Unterrichtsteile die allgemeine Rederlaubnis eingeschränkt werden muß, weil sich sonst niemand konzentrieren kann. Und damit ich nicht ständig mahnen muß, vereinbaren wir, Schilder aufzuhängen: eins für Schweigen, eins für Flüstern und eins für normales Reden. Jetzt machen sie sich gegenseitig auf das Schild aufmerksam, das — meistens nach gemeinsamer Ver-einbarung — das richtige Verhalten angibt.

Gemeinsame Regeln anzuerkennen und sich immer nach ihnen zu richten ist zweierlei. Für die Kinder ist es am einfachsten, wenn ich Regelverstöße mit Strafen ahnde, aber das macht sie abhängig von mir. Die Regeln sollen eine eigene Autorität haben. Wir besprechen sie noch mal und erörtern auch, welches Verhalten von mir besser nicht sein sollte: Schreien und Schimpfen und ungenaues Erklären.

Weil ich das aber doch manchmal tue und nicht möchte, daß die Kinder mein falsches Verhalten als annehmbar erfahren, beobachten wir uns vierzehn Tage lang genau. Wir hängen eine Liste auf, in der für die Klasse und für mich bei unerwünschtem Verhalten ein Strich eingetragen wird. Nicht nur bei den Kindern werden es immer weniger Striche. Ich verbessere mich in sieben Tagen von dreizehn Strichen auf zwei an einem Tag.

Vielleicht sollte man Kindern erlauben, im Unterricht Kaugummi zu kauen. Ich ignoriere das Kauen eine Weile, aber schließlich klebt allenthalben schwärzlicher Batz, und mich stört es, wenn ich ein mampfendes Gegenüber habe. Ich erkläre den Kindern, warum ich nicht mehr möchte, daß sie im Unterricht kauen, und es scheint so, als sähen sie meine Gründe ein.

Jörg ruft leise: *Andreas, nimm doch den Kaugummi raus!* Andreas geht zum Papierkorb, spuckt ihn aus und sagt auf dem Rückweg zu mir: *Der Kaugummi war aber sehr gut!* Ich glaube nicht, daß er sich durch mein Verbot unterdrückt fühlt.

Wer vor dem Diktat kaut, kann sich so vielleicht besser konzentrieren und darf weiterkauen, bis das Diktat vorbei ist und wieder geredet wird.

Natürlich glaube auch ich, nicht ohne Strafen auskommen zu können. Dabei begreifen die Kinder nicht, wofür Erwachsene sie strafen. *Sie war nicht zufrieden mit mir* war einmal die einzige Begründung, die ein Kind für eine recht umfangreiche Strafarbeit geben konnte. So entsteht Fatalismus und unkritisches Anpassungsbedürfnis. Sind Strafen nicht oft dazu da, dem Lehrer das Gefühl zu geben, in einer unguten Situation etwas getan zu haben?

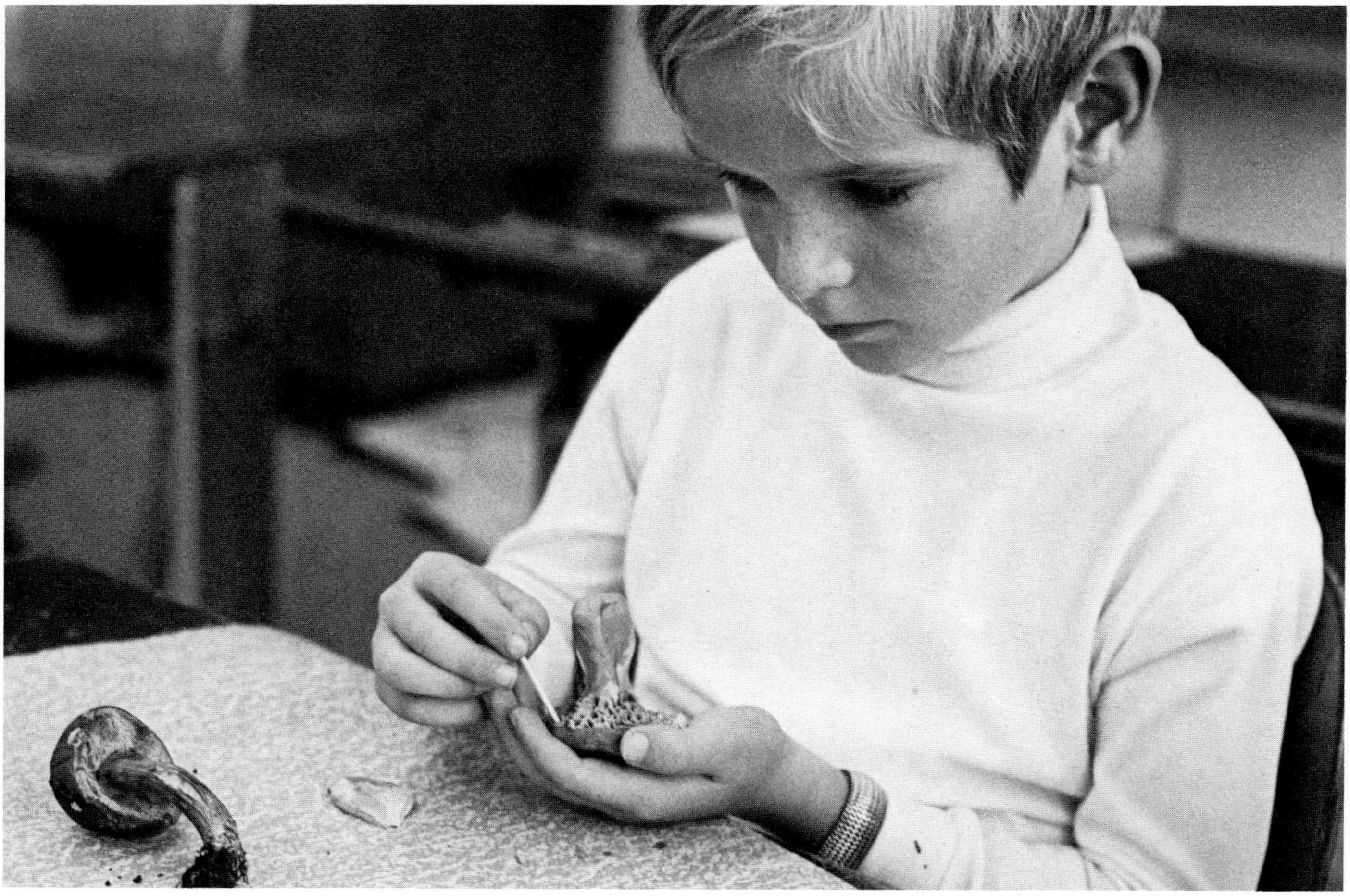

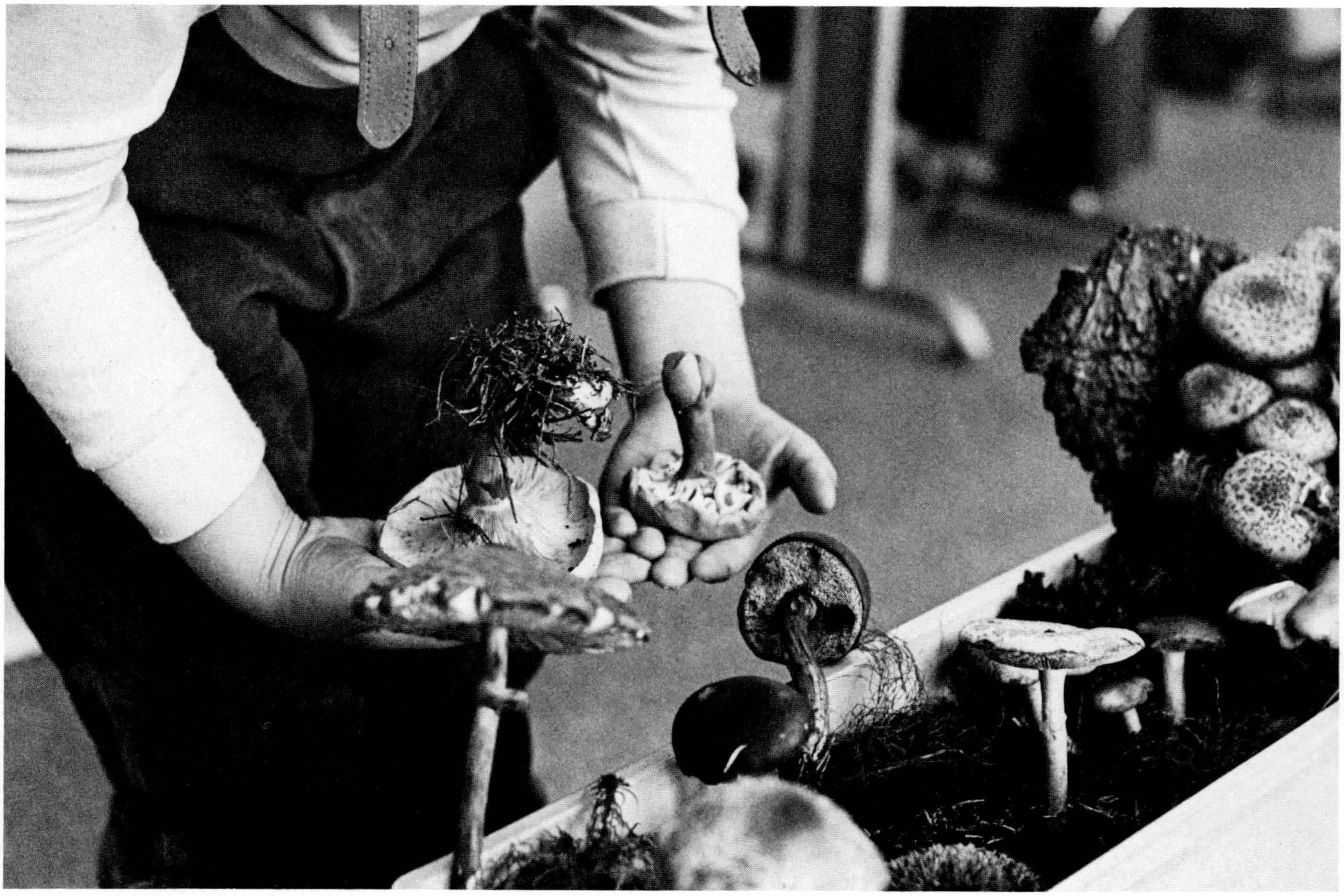

Pilze

Andreas kennt viele Pilze. Am liebsten spricht er über die giftigen und ungenießbaren. Er sagt: *Der grüne Knollenblätterpilz ist absolut tödlich!* und lacht dabei. Am Montag erzählt er: *Gestern waren wir im Wald! Ich habe viele Pilze gefunden. Schade, daß ich den Fliegenpilz nicht mitnehmen durfte!* Noch am Dienstag und Mittwoch trauert er dem Fliegenpilz nach.

Pilze aus Plastilin können ganz echt aussehen, wenn man mit einem Streichholz Lamellen oder Röhren hineindrückt. Die Möglichkeit der täuschend genauen Nachahmung schärft die Beobachtung.

Blätter, Früchte, Samen

Ein Baum hat Wurzeln, einen Stamm, Äste, Zweige, Blätter und unzählige Verzweigungen im Ast- und Wurzelwerk. Auch bei den Adern von Blättern, bei Flüssen, Straßen, Adern, Fischgräten erkennen wir Verzweigungen.

Alle Blätter sehen ziemlich gleich aus, bis man sich eine Blättersammlung anlegt und beginnt, sie zu sortieren. Im Sachunterricht ordnen wir sie dem richtigen Baum zu, im Mathematikunterricht ordnen wir sie in Matrizen: Der Rand, die Farbe, die Form, die Größe sind immer neue Gruppierungsgesichtspunkte.

Unter dem Ahornbaum auf dem Schulhof liegen Nasenzwicker. Wir sammeln sie und andere Samen von Bäumen und kleben sie mit Tesafilm auf ein Arbeitsblatt. Darauf steht alles, was über Früchte und Samen der Bäume gelernt wurde.

Wir versuchen, Bucheckern, Kastanien, Ahornsamen, Eicheln und Tannensamen im Blumentopf keimen zu lassen.

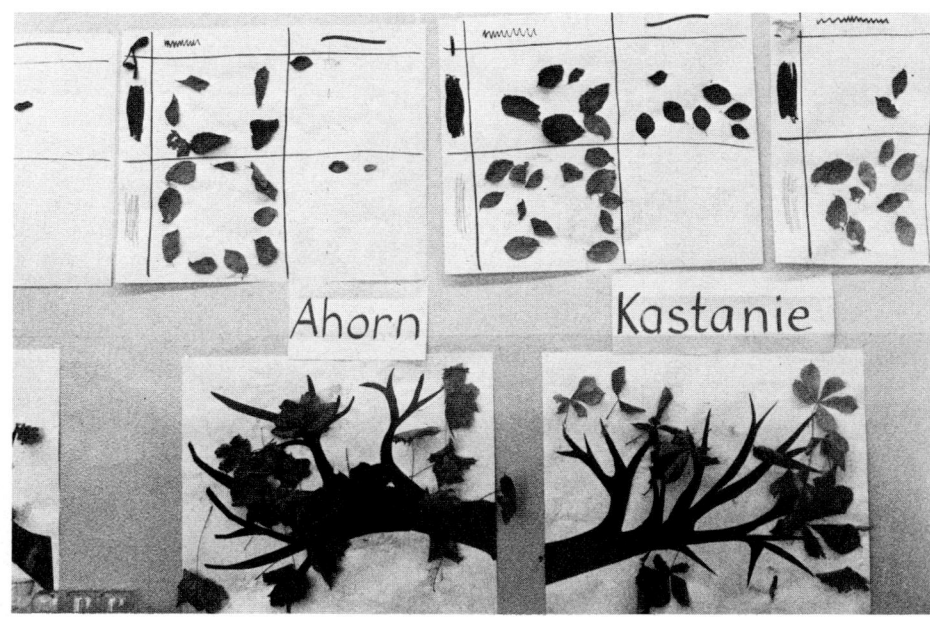

44

Apfel und Birne

Äpfel werden untersucht und schließlich aufgegessen. Wir besprechen die Funktion des Stiels und die Herkunft der Blüte am Apfel.

Im Apfel finden wir Kerne und erörtern gründlich, was ein Samen ist.

Eine Bilderreihe von Mitgutsch zeigt die Entwicklung von Birnbaum und Birne aus dem Birnenkern. Wir stellen sie aus. An der Tafel ergibt sich aus Einzelbildern eine Entwicklungsgeschichte im Kreis.

Zwei gleich große Äpfel, der eine geschält, der andere mit der Schale, legen wir aufs Regal. Wir haben erwartet, daß der geschälte vertrocknen würde. Daß er aber derartig einschrumpfen könnte, hätte niemand vermutet. Wochenlang wird er beobachtet.

Eine Leseübung: Die Kinder ordnen große Papierstreifen mit Wörtern (Apfel, Stamm, Ast, Blatt, Wurzel, Zweig) den Teilen der Apfelbaumzeichnung an der Tafel zu. Sie wollen es immer noch einmal wiederholen.

Apfelbäume aus gerissenem Tonpapier werden dekorativ, aber undifferenziert. Als die Kinder Apfelbäume aus Plastilin formen, gehe ich herum und spreche über Einzelheiten mancher Arbeiten. Halb bewußt nehmen die Kinder die Anregungen auf, formen immer mehr Details. Schließlich haben wir einen ganzen Apfelgarten mitten in der Ernte.

Ich lese Janoschs Geschichte vom Apfelmännlein vor. Die durchaus echte moralische Empörung über das herzlose Verhalten der Menschen in der Geschichte steht unvermittelt neben den eigenen Grobheiten gegenüber schwächeren Kindern, zum Beispiel in der Pause oder auf dem Heimweg. Darüber werden wir noch oft reden müssen.

45

Es regnet

Wie Pingeline nach dem verschwundenen Regen gräbt und Grundwasser findet, fasziniert die Kinder am meisten, als wir den Spielschule-Film vom Regen ansehen. Noch Monate später sprechen sie davon.

Wir erzählen uns Geschichten von Pfützen: wie einer erst nasse Füße bekommen hat und nachher ein Donnerwetter daheim, warum Gummistiefel so praktisch sind und Erwachsene so böse auf Kinder, die durch Pfützen trampeln. Wir sind uns einig, daß man im Sommer unbedingt barfuß in Modderpfützen herumquitschen muß.

Mit Kochplatte, Kochtopf und Wasser erzeugen wir Dampf und Niederschläge, wie man es daheim in der Küche wiederholen kann. Trotzdem bleibt der Vorgang so geheimnisvoll, daß er jedesmal neu besprochen wird, wenn wir in der Klasse etwas kochen.

An Papierschirmchen untersuchen wir, wie ein Schirm konstruiert ist und sich auf- und zuklappen und spannen läßt. Können Stoff, Plastik, Papier, Leder und Gummi Wasser aufsaugen? Jeder probiert es aus. Von fettigem Material

perlt Wasser ab; Schuhcreme z. B. enthält Fett. Plastik und Gummi sind wasserdicht, geeignetes Material für Regenschutzkleidung. Stoff und Leder kann man imprägnieren, sogar Papier.

Emanuel ist krank und darf nicht in die Schule. Thomas bringt ihm die Leseblätter und erzählt von unseren Experimenten. Da macht Emanuel seine Versuche eben daheim.

---

das habe ich gelernt

Wasser ist schwer
Wassertropfen fallen herunter

Wasserdampf ist leicht
Wasserdampf schwebt

die Wolke ist aus Wasserdampf
die Wolke schwebt

manchmal wird die Wolke kalt
aus dem Wasserdampf werden
            Wassertropfen

die Tropfen fallen herunter
es regnet
ein Tropfen fällt auf meine Nase

---

der Regen macht die Hose naß
der Stoff saugt das Wasser ein

der Regen macht die Schuhe naß
das Leder saugt das Wasser ein

der Regen macht die Mütze naß
die Wolle saugt das Wasser ein

der Regen macht den Regenmantel naß
    aber nur von außen
das Wasser perlt ab

der Regen macht die Gummistiefel naß
    aber nur von außen
das Wasser perlt ab

ich reibe meine Schuhe mit Fett ein
ich reibe sie ganz blank
das Wasser perlt nun ab
das Leder saugt kein Wasser mehr

---

es regnet

es regnet auf das Haus
das Haus wird naß

es regnet auf das Auto
das Auto wird naß

es regnet auf die Straße
die Straße wird naß

es regnet auf den Hund
der Hund wird naß

es regnet auf den Baum
der Baum wird naß

es regnet auf die Ampel
die Ampel wird naß

es regnet auf die Leiter
die Leiter wird naß

es regnet auf die Schule
die Schule wird naß

es regnet auf mich
ich werde naß

Es war einmal ein Mann,
der hatte einen Schwamm.

Der Schwamm war ihm zu naß,
da ging er auf die Gass.

Die Gass war ihm zu kalt,
da ging er in den Wald.

Der Wald war ihm zu grün,
da ging er nach Berlin.

Berlin war ihm zu voll,
da ging er nach Tirol.

Tirol war ihm zu klein,
da ging er wieder heim.

Daheim wars ihm zu nett,
da legt er sich ins Bett.

Im Bett war eine Maus,
und die Geschichte ist aus.

Alle Kinder schauen gerne Bücher mit Bildern an. Susanne kann sogar schon lesen, als sie in die Schule kommt.

In der Klasse gibt es ein offenes Regal mit Kinderbüchern, Sachbüchern, Bildbänden, Fibeln, Lexika. Wer Zeit hat, vor dem Unterricht oder in einer Arbeitspause, holt sich Bücher. Unter allen Tischen liegen sie, werden oft mit heimgenommen, und manchmal gibt es Streit um ein Buch.

Bebilderte Sachbücher sind am beliebtesten. Man kann sich die Bilder gegenseitig erklären oder gemeinsam versuchen, Unbekanntes zu verstehen. So lernt man miteinander und voneinander und auch, etwas in der Diskussion zu klären. Bald werden alle lesen können!

Beim Elternabend besprechen wir den Besuch in der Stadtbibliothek. Als wir dann hingehen, melden sich alle Kinder an. Sie sind ganz überwältigt von den vollen Regalen und der Tatsache, daß sie so viele Bücher mitnehmen dürfen, wie sie wollen. Später höre ich von der Bibliothekarin, daß einige Kinder meinem Rat folgen und sich Bücher über Dinge ausbitten, die wir gerade in der Schule behandeln. Und die bringen sie dann in die Schule mit, um sie den anderen Kindern zu zeigen.

Wir machen auch selbst Bücher: Ich hektografiere z. B. das Gedicht *Es war einmal ein Mann, der kaufte sich 'nen Schwamm* und zerschneide die Blätter so, daß immer eine Strophe auf einem postkartengroßen Blatt steht. Wir ordnen die Geschichte. Auf jedes Blatt wird ein passendes Bild gezeichnet. Zusammengeheftet wird es ein Buch. Das von Andreas ist besonders schön.

Mehr und mehr können gemeinsame Erlebnisse in hektografierten Texten festgehalten werden. Schwierige Wörter sind am Rand des Blattes extra aufgeführt oder mit einem kleinen Bild erkennbar gemacht.

Soweit wie möglich vermeide ich Lautleseübungen. Unsichere Kinder würden zusätzlich gehemmt, die meisten Kinder haben auch zu leise Stimmen. Vor allem aber: Weil es zweierlei ist, verständlich zu lesen und selbst zu verstehen, was man liest, zwingt das laute Lesen leicht zu einer gedankenlosen, rein technischen Demonstration. Besonders Lesetexte, die daheim geübt wurden, werden von manchen Kindern verständnislos heruntergeleiert, mehr auswendig vorgetragen als gelesen.

Soll Lesen schon mehr sein als reine Fertigkeitsübung, dann muß es bestimmt sein vom Interesse am Inhalt des Textes. Dieses Interesse wird wachgehalten durch unsere Bücher, aber auch durch Texte, bei denen die Kinder wissen, aus welchem Anlaß und wie sie entstanden sind. Manchmal schreibe ich etwas über ein Ereignis in der Klasse auf und hänge es an die Wand. Oder ich schreibe ein bis zwei Sätze zu einem interessanten Bild aus einer Zeitung oder Illustrierten und hänge das dann auch auf. So entsteht eine Art Wandzeitung.

Später werde ich Geschichten über einzelne Kinder schreiben, immer gerade über das Kind in der Klasse, das etwas mehr Aufmerksamkeit braucht. Oder ich ziehe noch einmal Geschichten ab, die ich über Kinder aus meinen früheren Klassen geschrieben habe. Es ist wichtig, daß die ersten Leseerfahrungen mit dem Bewußtsein verknüpft werden, daß alles Geschriebene oder Gedruckte gemacht ist und daß sich das eigene Erlebnis bei der Übertragung in eine sprachliche Form verändert. Ich beobachte, daß die Kinder sehr gerne etwas darüber hören, wer eine Geschichte oder ein Gedicht geschrieben hat und ob ein besonderer

Anlaß dafür bekannt ist. Und weil ich möchte, daß sie später einmal Bücher, von Brecht und Goethe z. B., lesen, suche ich die ersten Gedichte zum Auswendiglernen nicht nur in Kinderbüchern, sondern auch bei diesen Autoren. Eines Tages fragt Andreas seine Mutter: *Wer ist eigentlich berühmter, der Johann Wolfgang von Guggenmoos oder der Josef Goethe?*

Bei Arbeitsblättern im Sachunterricht gibt es zunächst wenig zu lesen, sondern Zeichnungen zu erklären oder zu erinnern. Über Leseschwierigkeiten hilft unmerklich das sachliche Interesse hinweg.

Wolfgang

Wolfgang hat einen Bruder,
der heißt Walter.
Walter ging auch bei
unserem Fräulein zur Schule.
Und sein Name
fängt auch mit W an.
Darum sagt das Fräulein
manchmal Walter zu Wolfgang.
Wie kann man nur
zwei Jungen verwechseln.
die so verschieden sind?

Lydia und Peter

Lydia und Peter sind Freunde.
Alles, was wichtig ist.
müssen sie miteinander besprechen
Alles, was lustig ist,
auch.
Wenn Peter bei Lydia sitzt,
braucht er sich nur umzudrehen.
Wenn er woanders sitzt,
geht er zu ihr hin.
Wie kann man
das Schwatzen bloß abstellen?

Carsten

Carsten hat einen sehr
weiten Weg zur Schule.
Seine Mutter bringt ihn
mit dem Auto
von Windach nach Pürgen.
In Pürgen steigt er
in den Bus
und fährt nach Stoffen.
Mittags holt ihn die Mutti
wieder vom Bus ab.

Bald zieht Carsten
nach Pürgen.

Hell und dunkel

Wenn plötzlich der Vorhang zugezogen wird, erkennt man erst einmal gar nichts. Allmählich gewöhnen sich die Augen an die Dunkelheit. *Silvias hellen Pullover sieht man schon! Aber wo ist Martin? Der steht doch auch vor der Tafel.*

Zwei Kinder mit Ranzen, der eine orange, der andere braun, stehen in der dunklen Klasse. Wir benutzen die Taschenlampe als Scheinwerfer und lassen ihr Licht herumhuschen. Was sieht man gleich? — Wir sprechen über Sicherheitsfarben für Kleidung und Autos.

Wir machen eine Ausstellung mit lauter Stoffstücken in verschiedener Helligkeit, jeweils einmal vor hellem und einmal vor dunklem Hintergrund.

Mal überlegen: Was erkennt man vor dem dunklen Hintergrund der Tafel besser: gelbes oder dunkelblaues Papier? Und vor hellem Hintergrund? Immer wieder neue Farben, immer kleinere Fetzchen werden ausprobiert.

Weil das offensichtlich interessant ist, erkläre ich den Kindern, was ein Kontrast ist, und lasse sie mit Klebeplätt-chen Kontraste kleben, starke oder schwache. Sie sind ganz intensiv bei der Sache, sprechen auch mit den Nachbarn über den Eindruck, den z. B. ein hellgrünes Blättchen neben einem roten macht und dann neben einem gelben.

Auf solche Weise Wechselwirkungen zu beobachten oder hervorzurufen, fesselt alle Kinder. Sie sortieren die eigenen Farbstifte und machen Striche in zwei Felder auf einem Blatt: *Meine hellen Farben — meine dunklen Farben.*

Daheim schneiden die Kinder aus Katalogen, Prospekten, Illustrierten farbige Schnipsel aus, sortieren sie ebenfalls in helle und dunkle Farben und kleben sie auf.

Ich bringe ihnen Papier in leuchtender Farbe mit, wie man es für Plakate benutzt, und einen kleinen Streifen mit Phosphorfarbe für jedes Kind. Der wird auf ein passendes Leseblatt geklebt und gehütet wie ein Schatz.

Etwas mühsam ist es für mich, Farbpapiere anzustreichen in Helligkeitsstufen einer Farbe. Ich schneide sie in kleine Vierecke, jedes Kind hat zwei Reihen zu ordnen: Blau wird von links nach rechts immer heller, Grün immer dunkler. Auf großen Bögen ordnen sie gemeinsam Dreiecke, die bei gleicher Form immer größer, Ellipsen, die immer dicker werden, und blasen eine Reihe Luftballons auf, einen immer dicker als den vorhergehenden.

Daheim zeichnen sie Männer, die nacheinander immer größer werden, sonst aber möglichst gleich aussehen.

Wir sprechen über Tag und Nacht und leuchtende Gestirne. Die meisten wissen schon, daß die Sonne ein glühender Ball ist. Und nach den Erfahrungen mit Kontrasten können sie sich nun selbst erklären, warum der Mond so blaß ist, wenn man ihn am Tag vor dem hellen Himmel sieht.

Auf einem Blatt schreibe ich etwas über Tag und Nacht auf und klebe ein hellblaues und ein dunkelblaues Papier dazu. Das eine wird mit der Sonne der Tageshimmel, das andere mit Mond und Sternen der Nachthimmel.

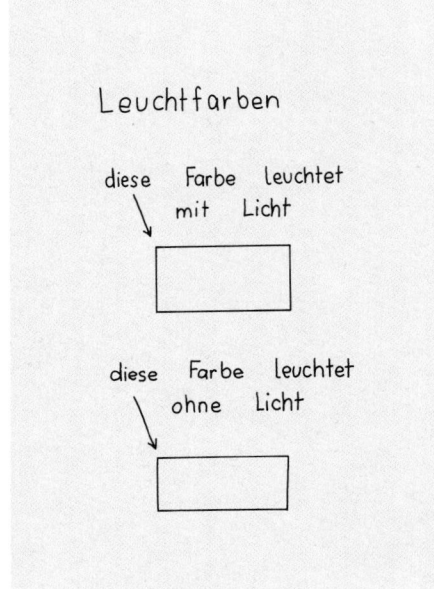

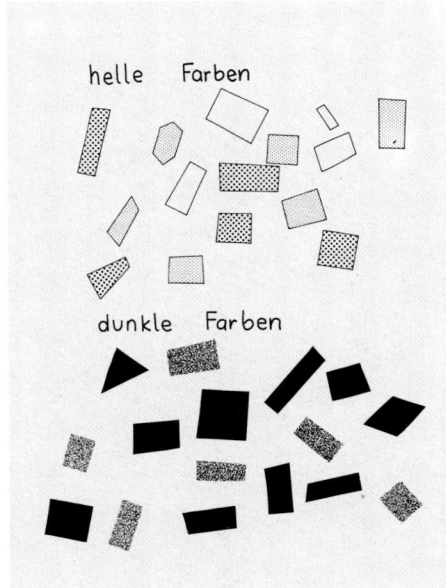

dunkle Farben

helle Farben

am Tag ist der Himmel hell
die Sonne leuchtet
die Sonne wärmt

in der Nacht ist der Himmel dunkel
der Mond leuchtet
die Sterne leuchten
sie wärmen
nicht

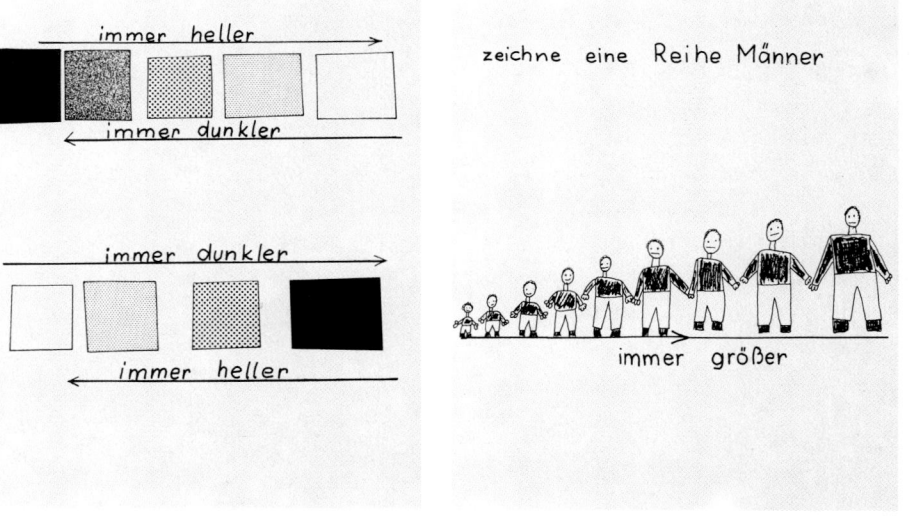

immer heller

immer dunkler

immer dunkler

immer heller

zeichne eine Reihe Männer

immer größer

Advent

Wir basteln am Freitag vor dem ersten
Advent eine Überraschung für den
Frühstücksplatz der Mutter am Sonntag: einen Apfelleuchter. Der Vater
wird helfen, die Kerze anzuzünden.

Vor dem Fenster hängt ein selbstgemachter Adventskalender. Jedes
Kind hat ein Bild auf Pergamentpapier
gezeichnet. Ich habe die Bilder hinter
die Türen geklebt, und niemand weiß,
wann sein Bild kommt.

Wir untersuchen die Kerze. Sie rollt
wie eine Walze, weil sie rund ist. Aus
einem Stück Kerze kann man eine
Kugel kneten. Solang sie noch eiert
beim Rollen, ist sie nicht wirklich
kugelrund.

Wenn man die Kerze und die Kugel an
die Wange hält, spürt man: Die Kerze
ist kalt und hart, die Kugel weich und
noch warm von der Hand, die sie geknetet hat. Bald wird sie auch kalt und
hart werden.

Unsere selbstgezogene Kerze knistert
ständig, weil Wasser im Stearin ist.

Bienenwachskerzen erkennt man am
Honigduft.

Wir zünden Kerzen an, beobachten die
Flamme, gehen aus verschiedenen
Richtungen mit dem Finger so nahe
wie möglich heran: Über der Flamme
ist es sehr heiß.

Einer bläst seine Kerze aus und läßt
sich vom Nachbarn Feuer geben: *Die
Flamme hupft ja'nüber!* Das müssen
gleich alle ausprobieren. Spiele mit
Feuer sind so, unter Aufsicht, relativ
ungefährlich. Und die Kinder sind
eher bereit, zu versprechen, allein nicht
zu zündeln, wenn sie einmal alles ausprobieren durften.

Zur Nikolausfeier sind die Eltern eingeladen. Jedes Kind bekommt ein
Päckchen mit Kleinigkeiten: Nüsse,
Kringel, Plätzchen . . . Das Schönste

ist für alle eine winzige Kerze in einem passenden Kerzenhalter.

Der Nikolaus ist sehr freundlich, lobt viel, mahnt manchmal. Kein Kind hat Angst vor ihm. Sein Auftritt ist wie ein Stegreifspiel, bei dem jedem Spieler klar ist, daß er in eine Rolle schlüpft, auch wenn er dann für einen Augenblick ganz in ihr aufgeht. Nachher kann man mit den Freunden besprechen, was man empfunden hat, als man vorne stand.

Wir stellen Barbarazweige auf und sehen, daß in den Knospen bereits die Blättchen und Blüten fürs kommende Frühjahr verborgen sind.

Meisenfutter

Wenn es plötzlich friert und schneit, finden die Vögel kein Futter mehr. Wir bereiten etwas für sie vor.

Vögel brauchen Fettnahrung. Unsere Handfläche ist so warm, daß man direkt zusehen kann, wie ein Fettkrümel auf ihr zerschmilzt. Fett auf Papier gibt einen durchsichtigen Flecken.

Eine Fettprobe an Sonnenblumenkernen: das Innere des Kernes auf einem Papier reiben und dieses dann gegen das Licht halten.

Die Vogelfuttermischung aus der Tierhandlung läßt sich in viele Häufchen von Samen verschiedener Größe, Form und Farbe sortieren.

Sehen Sonnenblumenkerne alle gleich aus oder nur ähnlich? — Wenn man zwei genau gleiche sucht, entdeckt man die vielen Variationen von weißen, grauen und schwarzen Streifen.

Wir erhitzen Hartfett im Topf, und jedes Kind schüttet seine Kerne hinein. Dann versieht es eine Streichholzschachtel mit einem Faden, und ich gebe die lauwarme Mischung aus dem Topf dazu. Am Fenster wird das Fett wieder kalt und fest.

Die Schachteln werden mittags vorsichtig heimgetragen und dort für die Meisen aufgehängt.

Nebenbei war zu beobachten, wie etwas schmilzt und wieder erstarrt. Im Film können wir noch einmal zuschauen, wie andere Kinder Meisenfutter machen, und sehen auch die Vögel ganz genau.

Krippenausstellung

In der Zeit vor Weihnachten hören wir morgens immer wieder das Band mit der Weihnachtsgeschichte von Orff und üben die Lieder. Als wir in die Krippensammlung des Bayerischen Nationalmuseums gehen, nehmen wir das Tonbandgerät mit. Am Nachmittag sind wir dort die einzige Schulklasse und ungestört.

Nach einer dreiviertel Stunde sind die Kinder atemlos vor Staunen und durstig. Wir machen eine Ruhepause auf dem Fußboden im Eingangsraum der Sammlung. Zum Entsetzen der Wächter schenke ich Apfelsaft aus. Ein Oberwächter wird geholt und betrachtet uns mit Grimm. Als aber dann die Weihnachtsgeschichte erklingt und die Kinder fröhlich und andächtig mitsingen, sind auch die strengen Herren gerührt, und ihr immer wiederholtes *Das hat's da herinnen noch nie net geb'n!* bekommt einen ganz anderen Klang.

Wir gehen dann noch einmal durch die Sammlung und hören am Schluß von den Wächtern, daß noch keine Klasse so brav war. Dabei haben die Kinder doch auch Geist gespielt.

Weil genügend Mütter uns begleitet und sich in der Sammlung verteilt hatten, konnte kein Kind ganz außer sich geraten. Es war immer jemand da, mit leisen Worten zu beruhigen. Die Kinder mußten sich eigentlich nur an die eine Regel halten, durch keine verschlossene Tür zu gehen, weil sie sich sonst in dem großen Haus hätten verirren können. Diese Forderung war einleuchtend. So gab es keine Auseinandersetzung, keinen Streit und keinen Überdruß. Jeder konnte sich frei bewegen, mit Freunden sprechen und mit ihnen oder allein sich in Ruhe in die Betrachtung der Krippen versenken.

Nur für mich war es etwas anstrengend, allen begeisterten Aufforderungen zu folgen, weil ständig irgendwo ein Kind nach mir rief: *Kommen Sie mal schnell, ganz schnell!* Oder: *Jetzt muß ich dir zeigen, was ich erfunden habe!* Immer wieder sagten Kinder, sie hätten etwas erfunden, wenn sie über eine Entdeckung besonders überrascht waren.

Basteln für Weihnachten

In den Wochen vor Weihnachten sind die Kinder zu erschöpft und zu sehr erfüllt von Vorfreude, um angestrengt lernen zu können. Hausaufgaben gibt's möglichst nicht in dieser Zeit, das entlastet die Mütter auch etwas. Wir besprechen manchmal, wie man ihnen helfen kann, damit sie nicht am Ende unter dem Christbaum einschlafen.

Ich zeige den Kindern, wie man aus einem gefalteten Stück Papier symmetrische Figuren ausschneiden kann. Es ist typisch für dieses Alter, daß sie oft nur ganz einfache Muster ausschneiden, weil es sonst zu lange dauert, bis man die Figur aufklappen und den Verdoppelungseffekt genießen kann. Als wir einige Zeit später Faltsterne schneiden, versinkt die Klasse in Tumult, weil als Abfall immer neue symmetrische Figuren entstehen.
Ich schneide aus Fotokarten große Faltsterne, hinterklebe sie mit Pergament, und jedes Kind bekommt einen zum Anmalen mit der Auflage, gleiche Felder in dem vierfach-symmetrischen Stern mit der gleichen Farbe anzumalen. Die Sterne werden daheim ans Kinderzimmerfenster gehängt oder als Überraschung für die Mutter ans Küchenfenster.

Jeden zweiten, dritten Tag fangen wir eine neue Bastelei an: Fimokörbchen, Lesezeichen, Christbaumketten aus Stroh- und Silberstückchen, mit Knetwachs geschmückte Kerzen — am letzten Schultag nimmt jedes Kind eine Tüte voll selbstgebastelter, hübsch verpackter Weihnachtsgeschenke mit.

Weil unsere türkischen Kinder kein Weihnachtsfest kennen und uns alle mit ihrer Begeisterung für den Nikolaus bezaubert haben, taucht die Idee auf, heimlich Geschenke für sie zu sammeln. Am 24. Dezember bringe ich sie ihnen rasch vorbei.

Am letzten Schultag bekommen alle Kinder von mir ein Ferienheft mit Lesestücken, Gedichten, Liedtexten, Spiel- und Malanregungen für Stunden der Langeweile.

In den Ferien schreibe ich etwa zwanzig persönliche Briefe an Kinder, denen ich empfehlen möchte, bestimmte Dinge zu üben. Der Erfolg nach den Ferien, wenn sie durch diese zusätzliche Übung den Anschluß an die übrige Klasse gewonnen haben, wird zeigen, daß die Mühe sich gelohnt hat.

symmetrische Figuren

II. Von Januar bis Ostern

Wenn die Kinder nach Weihnachten wieder in die Schule kommen, sind sie richtige Schulkinder, und das meistens sehr bewußt.

Man kennt die anderen Kinder, hat Freunde und Feinde, spricht in der Klasse eine Sprache, kann sich auf gemeinsame Erlebnisse beziehen, hat Vertrauen zur eigenen Lernfähigkeit und zum Lernangebot der Schule gewonnen. Die Schule ist ein geschätzter Teil des eigenen Lebens geworden, in dem man sich mit Sicherheit bewegt.

Jetzt ist es an der Zeit, vom spielerischen Lernen des ersten Tertials zu eher nüchternem Lernen überzugehen. Die Kärtchen, Geschichten, Spiele, Bilder haben im Anfang getröstet und abgelenkt von der Verstörung, die viele Kinder befällt, wenn sie entdecken, daß sie in diesem entscheidenden Lebensabschnitt nur ein Kind unter mehr als vierzig sind, daß sie in der Masse untergehen können. Sie sind nun reif zu lernen, wie man sich Lernfortschritte bewußt erwirbt.

Dazu gehört, daß man selbständig und umsichtig arbeitet, Fähigkeiten richtig einzuschätzen lernt, sich im Notfall Rat und Hilfe bei Mitschülern oder dem Lehrer zu holen weiß, Risikobereitschaft gegenüber unbekannten Aufgaben entwickelt und nicht zuletzt allmählich fähig wird, die eigene Leistung kritisch zu betrachten und Fehler selbst zu entdecken. Daß manche Kinder auch später nicht lernen, ihre Produkte selbstkritisch zu prüfen, liegt sicher daran, daß sie der Schule gegenüber in der Haltung eines Apportierhündchens verharren, das es aufgegeben hat, zu begreifen, warum man es dauernd nach Stöckchen schickt und wann es sich eigentlich richtig verhält.

Selbständigkeit hängt oft von Kleinigkeiten ab: Wir notieren jeden Tag die Hausaufgabe in Stichworten in ein besonderes Heft. — Ein Merkzettel von mir mit dem Stichwort ‚Rechenheft‘ im Federmäppchen erinnert am Nachmittag an eine notwendige Besorgung. — Kinder, die beim Schreiben die Ziffern verdrehen, bekommen besonders hübsche Musterkärtchen mit den Ziffern ins Mäppchen. Rechtschreibfehler werden so bekämpft: Ich lege in das Heft einen Zettel, auf dem das Wort sehr groß und richtig steht. Es wird ein paarmal nachgefahren und abgeschrieben. Vor allem gibt es mehr und mehr Arbeitsblätter mit Selbstkontrolle: Zunächst bekommt man Kontrollzettel extra, später sind sie am Arbeitsblatt und werden abgeknickt, bis man fertig ist.

Neue Aufgaben, besonders im Mathematikunterricht, werden immer erst auf großen Computerzetteln probiert, die ich anschließend durchsehe. Am nächsten Tag rufe ich die Kinder, die offenbar unsicher waren, zu mir und bespreche mit ihnen ihre Probleme. Die Zettel werfen wir weg, und erst was alle können kommt ins Heft. So vermeide ich Überdruß bei den Kindern durch Scheußlichkeiten im Heft und Gereiztheit bei mir.

Bei der Arbeit auf den Zetteln herrscht oft eine Stimmung wie bei Mutproben, weil die vorausgehenden Erklärungen so sparsam waren, daß die fruchtbare Spannung des Selbstdahinterkommens entsteht. Wohlgemerkt: Diese Versuche sind von keiner Angst vor dem Versagen belastet und darum besonders lustvoll und erfolgreich. Und ganz selbstverständlich arbeiten die Kinder dabei zusammen.

Miteinander zu reden ist wichtiger als sich einzeln vor der Klasse und dem Lehrer zu produzieren. Ein sogenanntes Klassengespräch mit mehr als acht Kindern zu führen ist nicht so sinnvoll, wie die Tradition der Schule voraussetzt. Auch Erwachsene können nicht in beliebig großen Gruppen Gespräche führen, von denen alle profitieren. Wenn Kinder im Unterricht viel Gelegenheit zu informellen Gesprächen haben, drehen sich die doch meistens um die Gegenstände des Unterrichts. Und wo, wenn nicht in der Schule, sollen sie lernen, mit anderen aus Interesse Sachliches zu besprechen? Im Klassengespräch ist wenig Raum für Nachdenklichkeit, es sei denn darüber, was der Lehrer hören will. Die Unterwerfung unter den vom Lehrer vorgesehenen Gedankengang ist eine subtile Versklavung, die nachhaltiger wirkt als offener Zwang.

Wer etwas erfahren will, muß fragen können. Wir lernen, daß Fragen neue Fragen anregen, und wir so gemeinsam einer Sache auf den Grund kommen, daß man Fachleute und -bücher zu Rate ziehen kann und daß manche Fragen offenbleiben müssen.

Eine kluge Frage ist schon die halbe Antwort. Wenn einer zurückfragt: *‚Ja, was meinst du denn selbst?‘*, dann denkt man nach und kommt vielleicht allein drauf, erkennt die Weite und die Grenzen des eigenen Wissens oder auch, daß die Frage eigentlich müßig war.

Allmählich entwickelt sich aus dem Fragen ein Stilmittel für den Unterricht. Ich frage zum Beispiel: *‚Was möchtet ihr vom Wetter wissen?‘* Die Fragen wollen kein Ende nehmen. Sie zeigen ein Weltbild zwischen äußerster Sachlichkeit und animistischer Träumerei. Mit meinen Notizen aus der Fragestunde bereite ich die nächsten Unterrichtsstunden vor und lerne meistens selbst sehr viel dabei, was ich den Kindern ohne ihre Frage gar nicht hätte anbieten können. Bevor wir einen Film anschauen, sagen die Kinder, welche Aufschlüsse sie sich davon versprechen und sind dann gespannt, wieviele Erwartungen der Film erfüllt.

Wenn die Kinder gezielt fragen können, gibt es Spiele, bei denen sie sich gegenseitig über das ausfragen, was grad zu lernen war. Es ist für die Kinder wichtig, hin und wieder Bilanz zu ziehen, zurückzuschauen und den eigenen Lernfortschritt zu messen.

Streiche alle Tiere aus, die kein Fell haben!

Affe	Käfer	Hase
Löwe	Bär	Fisch
Pferd	Schnecke	Kalb
Hahn	Wurm	Zebra
Amsel	Mops	Nashorn
Hund	Pudel	Ente
Gorilla	Salamander	Gans
Schlange	Katze	Pfau
Kuckuck	Kuh	Reh
Orang Utan	Eidechse	Floh
Giraffe	Krokodil	Ziege
Tiger	Ferkel	Esel
Leopard	Maus	Schildkröte
Panther	Fliege	Hirsch
Pony	Kaninchen	Papagei
Eule	Eichkätzchen	Marder

K oder H?

__aar	__acke	__ind
__ahn	__essel	__ose
__äfer	__irche	__ügel
__äfig	__ase	__ut
__agel	__of	__önig
__alb	__inn	__nie
__immel	__orn	__ummel
__amel	__enne	__usten
__ammer	__iste	__leid
__eller	__erz	__unger
__andtuch	__ater	__lingel
__and	__amm	__nopf
__arton	__irsch	__upe
__aken	__oftor	__und
__aize	__artoffel	__orb

Von 45 Wörtern hast Du [ ] richtig!

Mein Anspitzer spitzt schlecht.
Das Messer ist stumpf.
Ein neuer Anspitzer ist teuer.
Ein neues Messer kostet nur 30 Pfennig.
Wir sind schlau!
Wir setzen einfach ein neues Messer ein.

 Das Messer ist festgeschraubt

 Links herum – Schraube locker.

Rechts herum – Schraube fest.

 Die Schraube hat ein Gewinde. Das hat jede Schraube. Probier es aus!

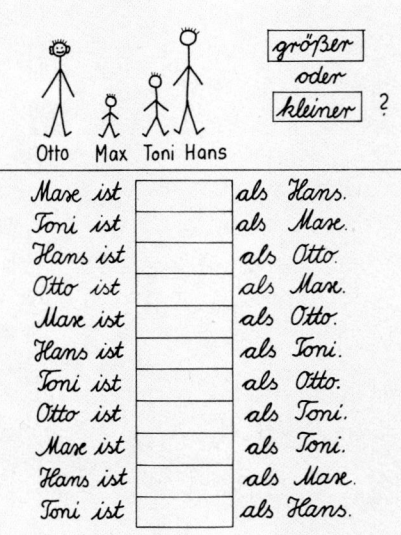

Otto   Max   Toni Hans

größer oder kleiner ?

Max ist [ ] als Hans.
Toni ist [ ] als Max.
Hans ist [ ] als Otto.
Otto ist [ ] als Max.
Max ist [ ] als Otto.
Hans ist [ ] als Toni.
Toni ist [ ] als Otto.
Otto ist [ ] als Toni.
Max ist [ ] als Toni.
Hans ist [ ] als Max.
Toni ist [ ] als Hans.

Was stimmt da nicht?

Der Schlitten hat Kufen.	ja / nein
Auf dem Schlitten kann ich liegen.	ja / nein
Im Sommer gehe ich rodeln.	ja / nein
Die Kufen müssen glatt sein.	ja / nein
Bergauf geht es schneller als bergab.	ja / nein
Wenn der Schlitten umkippt, fliege ich hoch.	ja / nein
Wenn der Berg steil ist, saust der Schlitten.	ja / nein
Mit dem Schlitten kann ich schwimmen.	ja / nein
Ohne Schnee kann man nicht rodeln.	ja / nein
Alle Kinder rodeln gerne	ja / nein
Mein Schlitten hat vier Räder.	ja / nein
Manche Kinder laufen Schi im Winter.	ja / nein
Zum Rodeln ziehe ich die Badehose an.	ja / nein
An der Schnur ziehe ich meinen Schlitten.	ja / nein
Bergab geht es schneller als bergauf.	ja / nein
Die Eisenkufen halten länger als das Holz.	ja / nein

Kreise die richtigen Buchstaben ein!
Schreibe das Wort unter das Bild!
Vergleiche mit dem Kontrollzettel!

(Buchstabengitter mit Bildern)

ABKNICKEN

Maske	Konfetti	Krone
Brezel	Limo	Perücke
Pistole	Indianer	Hut

Rechne und kontrolliere selbst !

①	②	③
3 + 5 =	5 + 2 =	9 - 3 =
7 - 4 =	6 + 1 =	10 - 5 =
9 + 1 =	3 + 3 =	7 - 2 =
6 - 3 =	7 + 2 =	8 - 4 =
10 + 1 =	1 + 0 =	6 - 3 =
5 - 1 = ♡	3 + 4 = ♡	2 - 2 = ♡

④	⑤	⑥
3 + 1 =	9 - 6 =	2 + 5 =
5 + 4 =	5 + 4 =	9 - 1 =
0 + 6 =	8 - 3 =	4 + 5 =
8 + 2 =	1 + 1 =	10 - 6 =
6 + 3 =	20 - 20 =	5 - 0 =
4 + 4 = ♡	0 + 0 = ♡	5 - 0 = ♡

ABKNICKEN

①	②	③	④	⑤	⑥
8	7	6	4	3	7
3	7	5	9	5	3
10	6	5	6	3	5
3	9	4	10	2	9
11	1	3	0	9	10
4	7	0	9	0	5

Ist das Kästchen richtig, kannst du das Herz ausmalen.

---

* Was ich alles kann

Ich kann lesen, schreiben, essen,
fliegen, schwindeln, pfeifen,
lieb sein, bös sein, zaubern,
Auto fahren, schnell laufen,
aufräumen, zwitschern,
zur Schule gehen, singen,
Trompete blasen, frech sein,
hüpfen, reiten, häkeln,
mit den Flügeln schlagen,
fröhlich sein, traurig sein,
ein Pferd heben, lachen.

streiche mit dem Lineal aus, was nicht stimmt.

Für Spürnasen

Mäuschen	Maus
Bäume	
Mütter	
Zäune	
Äpfelchen	
Schätze	
Häuser	
Hänschen	
Hündchen	
Bänder	
Würzelchen	

Suche das versteckte Wort!
Fahre es nach! Schreibe es rechts auf die Zeile!

Zeit vergeht

Am ersten Schultag nach den Weihnachtsferien muß man zunächst mit allen Freunden ausführlich schwatzen und gegenseitig die Ferienhefte anschauen.

Dann beginnt die Arbeit wieder mit Überlegungen zu Zeitabläufen und Zeitmessung. Wir üben die Namen der Wochentage, sie zu lesen, ihre Reihenfolge; jeder merkt sehr rasch einen Erfolg. Die Kinderfrage: *Woher weiß man denn, daß der Montag so heißt?* verlangt eine Erklärung des Sinns von Konventionen: *Wir könnten uns nicht verabreden oder gemeinsam an denselben Tag erinnern, wenn nicht alle Menschen die Tage gleich benennen würden.*

Die Wochentagsnamen werden in einer Reihe an der Wand aufgehängt und neue Wörter zugeordnet: *heute* ist Mittwoch, dann ist *morgen* Donnerstag, *übermorgen* Freitag, *gestern* Dienstag und *vorgestern* Montag. Jeden Tag werden die Wortkarten umgehängt, zuerst muß ich helfen, später machen die Kinder es allein. Sie erfahren so, wie Zeit vergeht. Und sie beginnen zu ahnen, wie Geschichte entsteht. Immer wieder wird erzählt: Was tue ich heute? Was tat ich gestern? Was werde ich morgen tun?

Die Monatsnamen sind noch sehr fremd. Sie zu lesen, auf Kärtchen zu ordnen, ist sehr schwer.

Was ist ein Monat? Ein Teil des Jahres, etwa dreißig Tage. Jeden Monat bekommen die Kinder nun ein hektografiertes Kalenderblatt. Besondere Tage werden gekennzeichnet, vergangene Tage ausgestrichen, Schultage und Ferientage gezählt. Wieder wird Zeit bewußt erlebt.

Am Schrank hängt ein Abreißkalender, noch prall, *künftige Tage* steht darüber. Jeden Tag wird ein neues Blatt

auf den *heute*-Platz gepinnt und am nächsten Tag auf das Monatsblatt geklebt. *Vergangene Tage* sammeln sich dort.

Ich bringe mein Fotoalbum mit, zeige Bilder im Episkop und erzähle: *Ich war ein dickes Baby und dann ein Kind, das Seemann werden wollte, ging zur Schule, hatte Freunde, studierte, jetzt bin ich Lehrerin.* Ein Stückchen persönlicher Geschichte. Die Kinder entdecken, daß auch sie schon eine Vergangenheit haben und Pläne für die Zukunft. Sie schreiben je über ein Blatt *früher*, *jetzt* und *später* und zeichnen

sich als Baby, Schulkind und vielleicht als Forscher oder Krankenschwester.

Weil die Jahreszeiten sich in diesem Jahr nicht an den Kalender halten, besprechen wir diese Tatsache, anstatt Dinge durchzunehmen, die wir nicht beobachten können.

Ein neuer Ritus: Täglich notiere ich in Stichworten neben dem Klingelmann an der Tafel die Hausaufgaben. Die Kinder tragen sie ins Aufgabenheft ein und streichen daheim aus, was erledigt ist. Wieder sammelt sich sichtbar Vergangenes.

63

Daniels Katze

Daniel ist neu bei uns. Er hat schlechte Schulerfahrungen hinter sich und bringt ein miserables Zeugnis mit. Daniel staunt über all den Kram in unserer Klasse, wittert Interessantes und fängt ein neues Leben an. Dauernd streckt er den Finger hoch, will mittun, zu uns gehören. Er darf seine Katze mitbringen.

Vorher wird überlegt: *Was möchtet ihr von der Katze wissen?* — *Warum sie einen Buckel macht und wie sie das kann, warum sie auf Bäume klettert, Mäuse und Vögel frißt, so spitze Zähne hat und grüne Augen und einen Schnurrbart und eine andere Nase als wir und was sie bei Daniel zu fressen bekommt.*

Am nächsten Morgen sitzen wir im Kreis um Daniel und seine Katze, beobachten die beiden und besprechen die Fragen. Volker versucht nachzuahmen, wie die Katze die Pfote nach einem Ball ausstreckt und wie sie auf einem Ast laufen kann, weil nämlich Emanuel sagt, sie habe den Schwanz, *damit sie die Balanciere halten kann,* und nicht, um sich damit festzuhalten, wie die anderen Kinder behaupten.

Die Katze hat Raubtierzähne, und manche Kinder haben spitze Eckzähne, die ähnlich aussehen.

Das Katzenskelett zeigt, warum die Katze so einen Buckel machen kann. Mirjana ist fast genauso beweglich, und an Martins Rücken zeigt sich: Mit einem Stock als Wirbelsäule könnte er sich nicht bücken, aber das Modell aus Garnrollen und Gummiband folgt jeder Bewegung.

Hausaufgabe: Ein Katzenbild mitbringen, z. B. aus einer Zeitschrift. Am nächsten Morgen hängt manches Kind sein Bild in die Ausstellung, bevor es noch die Mütze vom Kopf genommen hat.

Wir diskutieren die Zweckmäßigkeit der beweglichen Ohren und der Schnurrhaare und kneten Katzen. Schnurrhaare liefert der Besen.

Wenn die Kinder fragen: *Warum . . .?,* meinen sie oft: *Wozu dient das?* Ich gebe ihnen ein Blatt, auf dem die körperlichen Merkmale der Katze ihren besonderen Tätigkeiten zugeordnet werden sollen. Die Aufgabe ist etwas zu schwer, wohl weil die Sätze nicht vollständig und darum weniger verständlich sind.

Das Blatt mit Behauptungen über die
Katze ist leicht zu lesen. Man muß
falsche Behauptungen ausstreichen.

In der Pause spielen wir *Katz und
Maus,* und das nächste Diktat lautet:
*Eine Maus ist im Haus. Muschi, fang
die Maus.*

 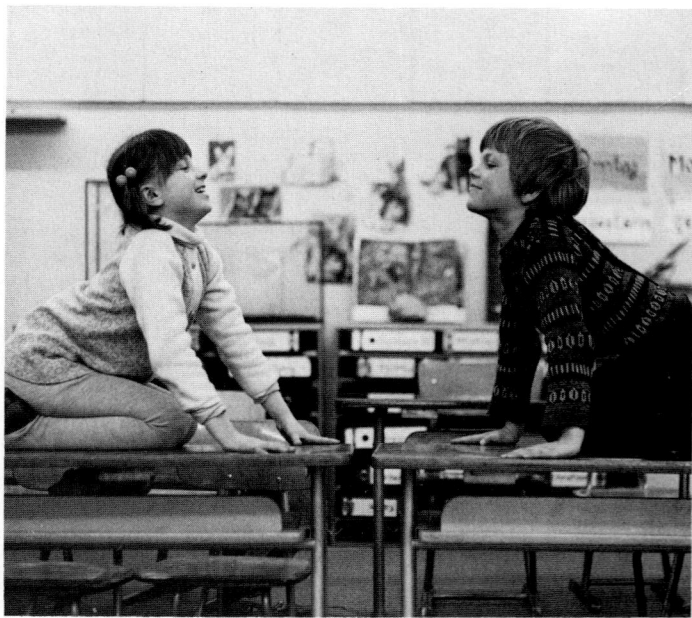

Die Katze hat   Damit kann sie   über → hinaus

scharfe Krallen   die Maus festhalten   zähes Mäusefle...

funkelnde Augen   gut sehen in der Nacht

Stehohren   gut und genau hören   sich vor Kälte schützen

einen Schwanz   im Sprung lenken   leise

ein warmes Fell

Schnurrhaare   fühlen, wenn sie

scharfe Zähne

weiche Pfoten

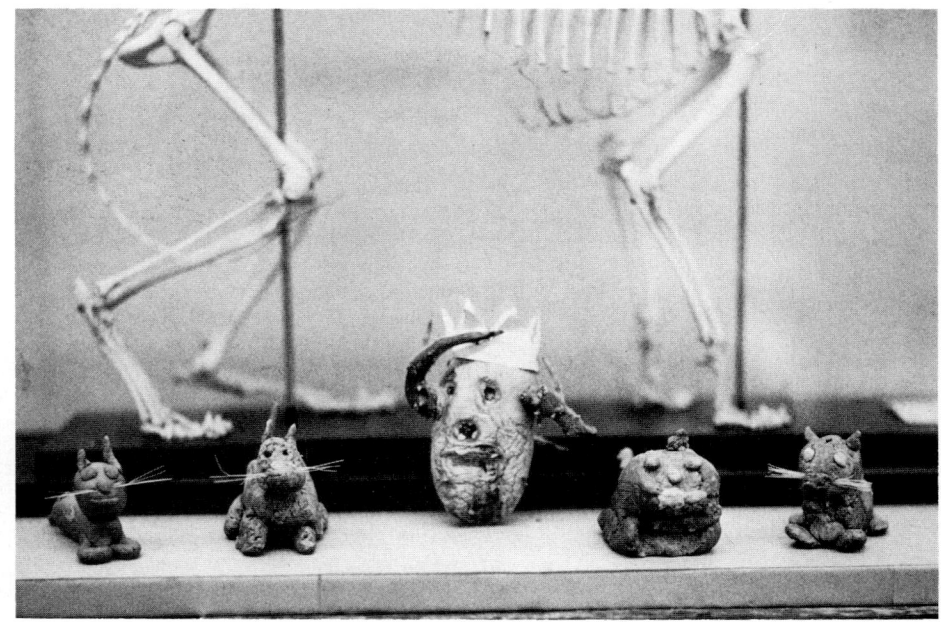

Tiere mit Fell

Ein Fetzchen Hasenfell wird untersucht: feine, dichte Haare; man sieht verschiedene Farben, wenn man hineinbläst.

Viele Kinder entdecken zum erstenmal die Haare am eigenen Körper und betrachten sie mit der Lupe. Wir reden darüber, daß man manchmal sagt: *Mir standen die Haare zu Berge,* und daß man bei der Katze sehen kann, wie sich ihr Fell sträubt, wenn sie wütend ist. In die Ausstellung hänge ich ein Bild von einem zornigen Gorilla.

Später vergleichen und beschreiben wir verschiedene Felle, die die Kinder mitgebracht haben. Claudia kann vor lauter Versunkenheit ins Streicheln gar nicht mehr aufpassen.

Dann zeichnen die Kinder Tiere mit Fell. Daheim sollen auf einem Blatt voller Tiernamen alle Tiere ohne Fell ausgestrichen werden.

Ich hektografiere ein Blatt mit allen lateinischen Buchstaben in großen, deutlichen Formen. Sie werden auf die Rückseite der entsprechenden Lesepeter-Karte geklebt. Dann kann man allein oder mit einem Partner üben. Man liest den lateinischen Buchstaben und kontrolliert mit dem Druckbuchstaben auf der anderen Seite, ob man ihn richtig erkannt hat. Schwieriger ist es, zum Druckbuchstaben den lateinischen zu schreiben. Die lateinischen Buchstaben auf den Karten dienen auch als Vorlage. Weil viele Kinder Mühe haben, sich bei manchen Buchstaben an den vorgesehenen Schreibzug zu gewöhnen, zeigt ein roter Punkt bei jedem Buchstaben der Vorlage die Stelle, an der der Schreibzug beginnen muß.

Ein Test wird oft wiederholt: Ein Arbeitsblatt zeigt alle Druckbuchstaben, der passende lateinische Buchstabe soll jeweils danebengeschrieben werden. Jedes Kind sieht selbst, welche Buchstaben es noch üben muß.

Weil Notizen und schriftliche Mitteilungen lesbar sein müssen und klare Wortbilder sich besser einprägen, muß auch Schönschreiben geübt werden, zunächst an Einzelbuchstaben, später an Wörtern mit gleichen Buchstabengruppen, den *Zaubersteinen.*

Wir analysieren jede Buchstabenform an der Tafel, besprechen ihre Schwierigkeiten, schreiben sie in die Luft und dann ins Heft. Das Ziel: Wenigstens ein Exemplar soll aussehen wie aus dem Bilderbuch. Ich gehe herum, spreche leise mit einzelnen Kindern, weise auf Teilerfolge hin, löse Verkrampfungen. Es gibt keine Noten, sondern jeweils ein Rotstifträhmchen für das gelungenste *A* oder *U,* wenn es der Vorlage entspricht.

Jedes Kind kennt sein Ziel. Auch unbeholfene Finger schaffen schließlich

wenigstens ein Musterexemplar. Und jeder rote Rahmen ist ein strahlender Erfolg, der neuen Mut weckt. Ich aber kann fortan auf das selbstgeschaffene Vorbild verweisen und meine entmutigend routinierten Schreibleistungen verbergen.

Eine Geläufigkeitsübung mit Buchstaben, die man leicht verwechselt: Ich diktiere *U, W, W, V, U, U . . .* Man muß sich rasch entscheiden und schreiben. Und Kinder, die hier ihre Unsicherheit erkennen, nehmen gerne meine Hilfe an.

Schreibübungen mit Zaubersteinen schulen den Blick für Analogien und fördern die Schreibflüssigkeit. Wenn man *ier* geübt hat, sind *Stier, Bier, Tier, vier, Papier* leicht zu schreiben. Die geläufige Buchstabengruppe am Schluß des Wortes zieht voran und erspart unsicheren Kindern den ängstlichen Blick an die Tafel.

Weil manche Kinder sich beim Abschreiben sehr schnell das Schreibstottern angewöhnen, d. h., ohne nachzudenken, immer wieder an die Tafel schauen und die Wörter buchstabenweise auf ihr Papier übertragen, vermeide ich es, von der Tafel abschreiben zu lassen. Statt dessen lernen sie, sich Wörter einzuprägen, sie aus dem Kopf zu schreiben und dann möglichst sorgfältig mit einer Vorlage zu vergleichen.

Wer alle Buchstaben beherrscht, jeden einzeln aus dem Gedächtnis schreiben kann und gerade beginnt, fremde Wörter selbständig zu lesen, kann von sorgfältig dosierten Diktatübungen profitieren. Am Montag teile ich die Vorlage aus: einzelne lauttreu geschriebene Wörter oder ein kurzer Satz, später kleine Texte, in großer Schrift auf einem Blatt. Jeden Tag vor der Pause diktiere ich diese Aufgabe, die Kinder schreiben auf formlose Zettel. In der Pause sehe ich sie nach

und gebe nachher Ratschläge fürs Üben daheim. Am Donnerstag ist fast alles richtig. Am Freitag wird die Aufgabe ins Heft diktiert. Noten gibt es nicht, wir zählen nur die richtigen Wörter. Die meisten Kinder beginnen so, Diktate und das Rechtschreiben überhaupt zu lieben. Für ängstliche Kinder ist es eine Mutprobe, die leicht über ihre Kräfte gehen kann. Werden sie überfordert, vergessen sie vielleicht alles, bringen gar nichts aufs Papier oder reihen sinnlos irgendwelche Buchstaben aneinander, einen Augenblick in der Illusion, mittun zu können.

Diktate müssen daheim geübt werden, weil die Kinder unterschiedlich viel Zeit dafür brauchen. Aber immer muß eine einwandfreie Vorlage dasein, und die Eltern müssen vorher darauf aufmerksam gemacht werden, wo die Gefahr der Verstörung durch Überforderung beginnt.

Das Wichtigste, die Unerbittlichkeit gegenüber den eigenen Fehlern, muß in der Schule gelernt werden. Wenn man immer wieder über die Fehler und Schlampigkeit einzelner Kinder zur Tagesordnung übergeht, gewöhnt man sie an diesen Zustand, Fehler zu haben. Die ersten Diktate können darüber entscheiden, welche Ansprüche ein Kind im Rechtschreiben an sich stellt und ob es sich unverkrampft darum bemüht.

Schrauben

Wenn das Messerchen am Anspitzer stumpf geworden ist, kann man es selbst auswechseln. Dann ist der Anspitzer so gut wie neu, man hat sich selbst geholfen und Geld gespart.

Schrauben sind vertraut, aber geheimnisvoll und interessant. Große Spielschrauben aus Holz kann man genau untersuchen, den Daumennagel in die Rille setzen und mit der anderen Hand die Schraube drehen. Sie bewegt sich rauf oder runter, und man sieht genau, warum. Das Gewinde wird mit einer Wendeltreppe verglichen.

Ich teile auch Eisenschrauben aus. In der zugehörigen Mutter wird ebenfalls ein Gewinde entdeckt und ausprobiert. *Ach, darum sitzen Schrauben immer so fest!* Wer genau beobachtet, kann mit einem Pfeil notieren, in welche Richtung man die Schraube drehen muß, um sie festzuziehen oder zu lockern. An allen Schrauben und auch an Schraubdeckelgläsern finden wir immer die gleiche Richtung: linksherum lösen, rechtsherum festdrehen.

Diese Erkenntnis wird angewendet beim Losschrauben des alten Spitzmesserchens und beim Festschrauben des neuen.

Um eindringlich zu machen, wie sinnvoll es ist, daß die Schraubrichtung für alle Fälle normiert ist, erzähle ich die Geschichte einer Autopanne, bei der ein Rad ausgewechselt werden mußte, dessen Schrauben schon rostig waren.

Wir stellen fest: Beim Wasserhahn ist die Öffnungsrichtung allen Kindern schon geläufig. Immer mehr Beispiele werden in den nächsten Tagen gefunden. Und manche Kinder verbringen jede freie Minute im Unterricht an dem Kasten mit Schraubsachen, der vor der Tafel steht.

Schnee

Es gibt in diesem Winter wenig Schnee. Nur einmal können wir einen Vormittag lang zum Rodelberg gehen. Dabei fällt eine kleine Belehrung über Rauhreif ab und später eine Stunde über zweckmäßige Kleidung bei eisigem Wind.

Wir schauen Schlitten, Skier, Schlittschuhe und Gleitschuhe an. Um ganz genau zu sehen, warum sie alle aufgebogene Kufen haben, lassen wir sie rückwärts über den Schnee sausen.

Der Spielschule-Film vom Schnee zeigt ein Auto, das steckenbleibt, eine Wildfütterung, eine Schneeballschlacht, eine Schneefräse und gibt Anlaß zu vielen Fragen. Mit dem Episkop schauen wir uns ein ganzes Kinderbuch über den Schnee an, und in einer Zeitschrift finden wir Schnee-Experimente für Kinder.

Solange Schnee liegt, wird eines der Experimente nach jeder Pause wiederholt: Ein Glas wird ganz mit Schnee gefüllt und auf die Heizung gestellt. Geschmolzen ist es dann nur noch halb voll.

Ich lese *Tomte Tummetott* von *Astrid Lindgren* vor. Von allen Büchern, die ich während dieses Jahres vorlese, das altmodischste und offenbar faszinierendste. In den nächsten Tagen glauben die Kinder immer wieder, Tomte Tumetots Spuren im Schnee entdeckt zu haben. Dabei finden sie auch Tierspuren. Weil sie danach fragen, zeige ich ihnen Fotos von Tierspuren im Episkop. Man kann ihnen ansehen, wie verschieden die Tiere ihre Beine bewegen. *Die Taube geht so abwechselnd, so rechts-links-rechts-links! Und die Krähe hüpft.*

Sie lesen das Gedicht *Spuren von winzigen Zehen* von *Guggenmoos* und *Der Stein* von *Ringelnatz* und zeigen zum Schluß bei Rätselfragen, was sie über den Schnee gelernt haben aus Büchern, Filmen, Experimenten und Gesprächen.

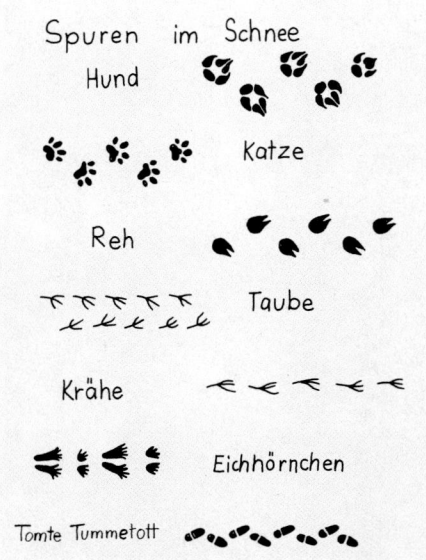

Spuren im Schnee
Hund
Katze
Reh
Taube
Krähe
Eichhörnchen
Tomte Tummetott

klebe das richtige Wort dazu!

Wie heißt die große Maschine, die im Gebirge den Schnee von den Straßen räumt?
| Sie heißt |

Was braucht das Auto im Winter?
| Es braucht |

Was tut der Schnee, wenn er warm wird?
| Er |

Was bekommen die Rehe im Winter zu fressen?
| Sie bekommen   und |

Womit kann man im Schnee den Berg hinabsausen?
| Mit dem |

Heu   Schlitten   taut   Rüben
Schneefräse   Winterreifen

Rätselfragen	
Was kommt aus den Wolken und deckt die Erde zu?	Zucker Schnee
Welches Tier macht eine Spur mit den Pfoten und dem Schwänzchen?	Maus Bär
Wer baut sich Iglus aus Schnee zum Wohnen?	Eskimos Türken Neger
Gibt es auch in Afrika Schnee?	nein ja
Kann eine Lawine Bäume und Häuser umreißen?	ja nein
Wohin bringt der Skilift die Skifahrer?	hinauf hinab
Braucht der Skispringer zum Springen auch Stöcke?	nein ja
Wie ist die Luft im Winter?	kalt warm

Kuchen backen

Für das gemeinsame Faschingsfest backen wir Kuchen. Wir suchen ein Rezept im Kochbuch und schreiben es in Stichworten an die Tafel. Die Tische werden gruppenweise zusammengeschoben, immer sechs Kinder sollen zusammen einen eigenen Kuchen rühren.

Wir besprechen die Aufgabe der Gruppenleiter: nicht alles bestimmen oder gar selbst tun, sondern dafür sorgen, daß jeder mal drankommt bei dem, was er gerne tun möchte.

Ich messe die Zutaten selbst ab, weil wir zwanzig Kinder aus der Klasse einer kranken Kollegin zu Gast haben und die Konzentration bei sechzig Kindern in einem Raum nicht ausreicht, um die Kinder das Abmessen selbst machen zu lassen.

Als alles verteilt ist und das Mischen beginnen soll, bricht ein Chaos aus, das wohl jeden Erwachsenen erschrekken muß. Tatsächlich wird aber nur in allen Gruppen heftig diskutiert, was man jetzt tun muß und wer es tun soll. Trotz der Unordnung gelingt jeder Teig, und nur ein einziger Milchbecher fällt um. Der lautstarke Streit um Sieb oder Rührlöffel beweist: Jeder will mal drankommen. In der Gruppe von Andreas erkennen alle neidlos an, daß er am tollsten rührt, und halten für ihn gemeinsam die Schüssel fest.

Das Teignaschen ist allgemein und das Aufräumen leider fast gänzlich meine Sache. Die meisten Kinder toben in die Pause. Sie brauchen wohl auch dringend Luft und Bewegungsfreiheit.

Eine kleine Kuchenform haben wir mit Teig ohne Backpulver gefüllt, um zu sehen, ob das stimmt, was über die Funktion dieses Pulvers behauptet wird.

Fasching feiern

Aus Karton und Papier werden große Masken gebastelt, damit wir unseren Faschingsraum schmücken können. Bei der Nase helfe ich jedem Kind, und bei den Locken helfen sie sich gegenseitig. Wer herausbekommen hat, wie man einen Papierstreifen über eine Schere ziehen muß, damit er sich lockt, gibt den Trick weiter. Wer die eigene Maske fertig hat, hilft woanders. Zu zweit an einer Maske zu arbeiten macht sowieso mehr Spaß als allein.

Wir rollen Makulaturpapier auf dem Boden aus. Eine ganze Kindergruppe malt immer zusammen einen Riesen. Man sieht dem Ergebnis deutlich an, wo gut zusammengearbeitet wurde. Als die Riesen am nächsten Tag in der Klasse aufgehängt sind, berichten die Gruppen, wie die Einzelheiten durch Beratschlagen und gegenseitige Anregung entstanden sind, und die weniger Erfolgreichen erörtern für alle, warum es in ihrer Gruppe nicht so gut geklappt hat. Solche gemeinsamen Arbeiten sind immer wieder notwendige Stationen der Auseinandersetzung und der Einigung der Klasse.

Zum Faschingsfest haben alle Eltern etwas gespendet. Sieben Mütter und ein Vater helfen feiern und nachher wieder aufräumen. Daß sie bei solchen Gelegenheiten keinen Unterschied machen zwischen eigenen und fremden Kindern, unterstützt die Entwicklung gegenseitiger Rücksicht und Fürsorge bei den Kindern.

Als wir Bonbonregen spielen, wird zwar sehr aggressiv gegrapscht, aber anschließend wird die Beute geteilt: Jeder soll drei Bonbons bekommen. Sean geht rum: *Hier, ich hab' zu viele. — Nee, ich hab' auch schon drei.* Schließlich kommt er zu mir: *Was soll ich jetzt machen? Die haben doch alle schon drei, und ich hab' noch sieben.* Soviel Selbstlosigkeit hat er erst mühsam lernen müssen. Ich erkläre ihm, daß es mich freut, daß er seinen alten Egoismus etwas überwunden hat, und ich weiß, daß ihm das nicht leicht geworden ist. Das rechtfertigt dann auch, daß er den Rest Bonbons behalten darf.

Begriffe anschaulich

Kinder aus wortkargem Milieu sind in der Schule von Anfang an im Nachteil. Sie haben nur einen begrenzten Wortschatz und gebrauchen grammatisch unsaubere Satzmuster. Sie haben nicht gelernt, auf das Kommando eines Erwachsenen bestimmte sprachliche Leistungen zu apportieren. Sie benutzen ihre Sprache ohne Distanz und stehen hilflos vor der Künstlichkeit der Sprechanlässe im Unterricht, die häufig so banale Dinge zu sagen fordern, daß man sehr viel Selbstbewußtsein braucht, um sie auszusprechen. Und gerade an diesem Selbstbewußtsein fehlt es den spracharmen Kindern.

Ich versuche, Voraussetzungen dafür zu schaffen, daß möglichst alle Kinder in späteren Schuljahren von Sprachbetrachtungen im Unterricht profitieren können. Dazu gehört, daß wir untersuchen, was bestimmte Begriffe alles meinen können und wie sie im sprachlichen Zusammenhang funktionieren. Und damit diese Übungen nachhaltig wirken können, bleibt immer eine Spur von ihnen an der Wand des Klassenzimmers für einige Tage hängen.

Den meisten Kindern macht es Spaß, wenn ein bisher nur ungefähr erkennbarer Begriff anschaulich wird, wenn sie hinter den Witz sprachlicher Strukturen kommen. Dann haben sie auch Lust, die richtige Sprachform anzuwenden und zu üben.

Das fängt ganz einfach an. Ich lese *Die Prinzessin auf der Erbse* vor, und Thomas kritisiert: *In Wirklichkeit spürt man eine Erbse nicht durch eine Matratze und durch so viele schon gleich gar nicht!* — Wir überlegen, was es in Wirklichkeit gibt und was nur im Märchen, und jedes Kind malt ein Bild, das dann an die Wand gehängt wird, entweder zu dem Wort *Märchen* oder zu *Wirklichkeit*.

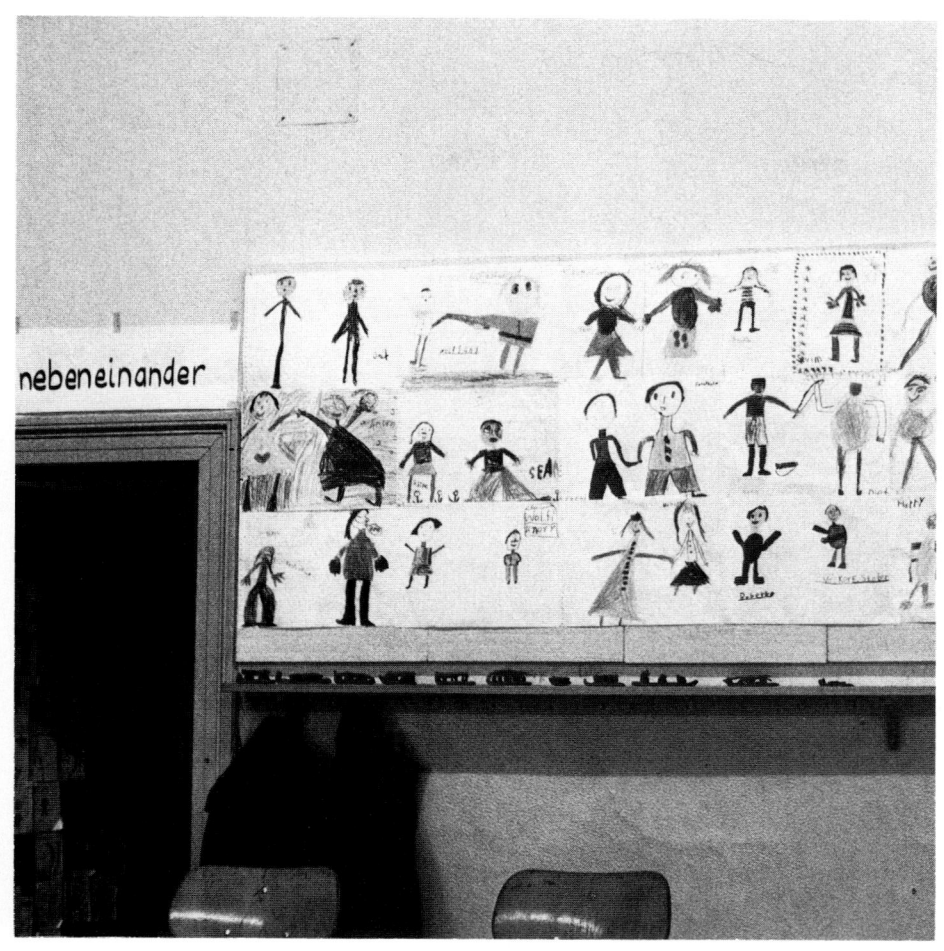

Wir hören die achtzehn Sendungen des *Sprachtrainings für Schulanfänger* im Schulfunk. Im Anschluß an die Behandlung der Wörter *hier — dort — hierher — dorthin* entdecken wir die Perspektive in Bildern alter Meister, lernen etwas über Vorder- und Hintergrund und zeichnen: *Ich bin hier vorn im Bild, ganz groß, mein Vater ist dort hinten, weit weg und ganz klein.* Nikolaus zeichnet *hier* ein Haus, *dort* sich selbst ganz klein und dann das ganze Bild voller Qualm: *Kuck mal, der macht Umweltverschmutzung.*

Zu den Begriffen *wenige — einige — viele* lassen sich immer neue Geschichten erfinden. Wenn einmal klar ist, was die Begriffe meinen, überlasse ich den Rest der Arbeit den Gesprächen der Kinder miteinander und dem Zeichnen. Über die Zeichnungen distanzieren sie sich von der Sprache und können sie dann betrachten.

Wir überlegen, was man oft tut oder sieht und was selten. Wieder werden Beispielsituationen gezeichnet, und als Hausaufgabe gibt es ein Blatt mit Sätzen, in die jeweils *oft* bzw. *selten* eingesetzt werden muß.

Nach der Sendung zu *neben — neben — einander* besprechen wir die Tatsache, daß in der Schule immer zwei Kinder über längere Zeit nebeneinandersitzen und welche Freuden und Probleme sich daraus ergeben können. Dann zeich-

oft	selten
Ich mache oft Hausaufgaben	Ich kriege selten Popobll
Ich esse oft	Ich bekomme selten bei Regen ein Eis
	Ich sehe selten Fernsehen
Ich schlafe oft	
Ich träume oft	Ich bekomme selten eine 2

oft oder selten ?
Setze das passende Wort ein!

1. Ich bekomme _____ ein Buch.
2. Ich esse _____ Butterbrot.
3. Frau Moeller schimpft _____.
4. Im Juli ist es _____ warm genug, um ins Schwimmbad zu gehen.
5. Die Wilhelmstraße steht _____ voller Autos.
7. Nur _____ kommt ein Theater in unsere Schule.
8. Ich bin _____ traurig.
9. Ich bin _____ fröhlich.

nen sich die beiden Nachbarn nebeneinander auf ein Bild, und die Bilder werden aufgehängt mit dem Wort *nebeneinander*. Dazu kommen Bilder von Kindern auf Schlitten *hintereinander* und ein Athletenturm, lauter Männer *übereinander*.

Die Begriffe *gleich — ähnlich — verschieden* sind umständlicher zu klären. Zunächst machen wir ein Spiel: Einer zeichnet eine Figur an die Tafel, ein anderer versucht, eine gleiche danebenzuzeichnen, die aber meistens nur ähnlich wird. Wir sprechen über Ähnlichkeiten bei Zwillingen und Geschwistern und vergleichen Dinge miteinander, die nicht zu sehen sind, nur von jemandem beschrieben werden. Beim Zeichnen werden dann die Merkmale der dargestellten Dinge sehr bewußt gewählt.

Besonders beliebt sind Übungen mit Oberbegriffen. Entweder suchen wir Beispiele zu einem gegebenen Begriff — *Ein Fußgänger ist ein Mensch und ein Opa auch* —, oder ich nenne mehrere Wörter, zu denen dann der Oberbegriff gefunden werden muß. Manchmal suchen wir den *Störenfried*; dann ist in einer Gruppe von Wörtern jeweils eines, das nicht unter einen den anderen gemeinsamen Oberbegriff paßt.

Man kann auf Leseblättern mit Strichen viele Wörter zwei Oberbegriffen zuordnen und später auch solche Wortgruppen aufschreiben.

Immer kommt es darauf an, die Kinder zu veranlassen, im Unterricht miteinander über diese sprachlichen Zusammenhänge zu sprechen. Das Theoretisieren lernt sich im beiläufigen Gespräch eher als in Unterrichtssituationen, bei denen man das Gefühl hat, in vorherbestimmter Weise Rede und Antwort stehen zu müssen.

80

Frühlingsanfang

Im Kalenderblatt für März wird der 20. geschmückt: Frühlingsanfang.

Knospen an den Büschen im Pausehof, Vogellärm am Morgen, Schulweg ohne Mantel, Spiele im Freien, täglicher Kampf um Kniestrümpfe oder Strumpfhosen, Tulpen am Blumenstand — das ist der Frühling in der Stadt.

Wir besuchen das Blumengeschäft an der Ecke. Täglich gehen die Kinder dort vorbei, ohne sonderlich auf die Blumen zu achten. Jetzt zeichnen sie alles auf, fragen auch Passanten nach Blumennamen. Ein Lastauto bringt frische Blumen, und weil die Kinder beim Ausladen helfen, schenkt uns der Fahrer einen Riesenstrauß. *So einen netten Mann hab' ich ja noch nie gesehen!*

Frühlingsblumen sind Zwiebelgewächse, man sieht es an den Tulpen, Krokussen, Hyazinthen, Schneeglöckchen, Narzissen im Topf.

Auf einem Arbeitsblatt mit Frühlingsblumen bekommen alle eine Zwiebel drangezeichnet, nur die Primel nicht.

81

Zwiebeln

Die Geschichte der Entwicklung der
Tulpe aus einer Zwiebel klingt wie ein
Märchen und ist doch wahr.

Sechs Bilder zeigen die Entwicklungs-
stadien der Tulpe, werden geordnet,
aufgeklebt und angemalt.

An der Küchenzwiebel kann man
fühlen, daß sie um so weicher wird,
je länger ihre grünen Triebe werden.
Wochenlang bleibt eine Zwiebel in der
Ausstellung liegen und wird täglich
befühlt. Ihre Triebe werden immer
länger und sie selbst wird immer
lascher.

Halbierte Zwiebeln werden zerlegt
und wieder zusammengesetzt: ein
Spielzeug aus der Küche. Ich zeichne
den Kern einer Zwiebel im Längsschnitt an die Tafel, jeder will eine
weitere Schicht zeichnen, bis die Tafel
voll ist. Wir vergleichen das Bild mit
dem Querschnitt, der anders aussieht.

Dann machen wir eine Ausstellung
mit Zwiebelgewächsen und Zwiebeln.

Krankheiten

Verletzungen und Krankheiten können Kinder ängstigen, wenn sie nicht wissen, was mit ihnen geschieht. Andererseits sehen sie oft nicht ein, daß sie sich schonen müssen, weil sie sich nicht krank fühlen, wenn sie es doch schon sind. Also sollte man immer einmal wieder über Krankheiten reden.

Ein Foto zeigt uns ein weinendes Kind. Warum weint es? Das ist ein idealer Gesprächsanlaß: Die Kinder hören einander wirklich zu, und ich lerne etwas darüber, wodurch sie sich bedroht fühlen.

Typisch ist, daß sie zwar einerseits sehr viel über Bazillen wissen, andererseits aber naiv fragen, ob Bazillen laufen könnten.

Wir besprechen: Die Haut schützt den Körper vor dem Eindringen von Bazillen. Ist sie verletzt, müssen wir sie durch einen Verband ersetzen. Und das üben wir.

Eine kleine, aufgemalte Wunde wird mit Wundgel verschlossen. Eine größere Wunde braucht ein Pflaster. Wir versuchen's wie der Kasper mit Papier und Tesafilm, aber das taugt nicht. Das Pflaster muß elastisch und porös sein und ein Schutzpolster haben. Jedes Kind bekommt ein Stück Hansaplast, kann es untersuchen und dann vorsichtig dem Nachbarn aufkleben, ohne den Mull zu berühren.

Fredi und Dietmar spielen eine Geschichte vor: Dietmar verletzt sich, und sein Freund Fredi versorgt seine Wunde. Daraus entsteht ein Lesetext.

Eines Tages ist Sean verschwunden. Volker sucht ihn vergeblich. Schließlich kommt er und versteckt etwas hinter seinem Rücken. Er will es nicht zeigen, aber ich entwinde es ihm, weil ich ihn verdächtige, sich außerhalb des Schulgeländes etwas gekauft zu haben. Später schaue ich es mir an; es ist ein Behälter mit einer Kotprobe. Sean hat ihn versteckt, weil es ihm peinlich war.

Durch zufällige Bemerkungen anderer Kinder erfahre ich, daß im Hort eine Salmonelleninfektion festgestellt wurde und alle Hortkinder eine Kotprobe abgeben müssen. Ein Anlaß, mit allen Kindern über Infektionen zu sprechen und in diesem Fall auch über Peinlichkeiten und Schwierigkeiten bei der Wortwahl. *Scheiße* hören viele Erwachsene nicht gern. Und Kinder sagen es oft, um sie zu ärgern oder weil sie auch kein anderes Wort wissen. Sean beteiligt sich lebhaft an den Gesprächen. *Ich wollte nicht, daß jemand das sieht. — Und darum hast du es mir nicht geben wollen. Es tut mir leid, daß ich dir nicht geglaubt habe. Aber ich hatte Angst um dich, als Volker dich nicht fand, und war sehr aufgeregt.*

Am nächsten Tag gibt es ein Leseblatt, das noch einmal unser Gespräch über Salmonellen und Kotproben zusammenfaßt.

Ein anderer Anlaß, über Krankheiten zu sprechen, ist die Moro-Probe, der sich die Kinder unterziehen müssen. Da kommt plötzlich jemand im weißen Kittel, verlangt, daß sich alle Kinder ausziehen, klebt ihnen ein kleines Pflaster auf die Brust und verbietet, die Stelle mit dem Pflaster in den nächsten Tagen zu waschen. Wir machen wieder eine Unterrichtsstunde daraus. Und das Leseblatt über Tuberkulose, das es anschließend gibt, klärt sicher daheim auch noch manche Eltern auf.

Wer weint denn da?

Dietmar ist hingefallen.
Er hat sich an der Hand
ein wenig verletzt.
Halb so schlimm!
Fredi holt ein Pflaster
Er streicht Salbe auf den Mull.
Dietmar hält seine Hand hin.
Fredi klebt das Pflaster
über die Wunde.
Die Salbe kühlt und heilt.
Der Mull schützt die Wunde.
Jetzt kann kein Schmutz hinein
Aber Luft kommt doch
an die Wunde.
Das Pflaster ist porös.

Salmonellen

Salmonellen kann man nur
mit dem Mikroskop erkennen.
Salmonellen machen uns krank.

Manche Kinder essen mittags im Hort.
In ihrem Essen waren vielleicht Salmonellen
Der Arzt muß wissen, welche Kinder
eine Salmonellen-Infektion haben.
Diese Kinder brauchen Medizin.

Damit man die kranken Kinder findet,
braucht man von jedem Kind Kot.
Mit dem Mikroskop wird nachgeschaut,
ob Salmonellen im Kot sind.

Manchen Kindern ist das peinlich.
Ist das nötig?

Geschichten schreiben

Wenn ein Kind eine besonders hübsche oder interessante Geschichte erzählt hat, schreibe ich sie in Druckbuchstaben auf, der Erzähler zeichnet ein Bild dazu, und wir hängen sie auf, so daß jeder sie noch einmal erleben kann.

Sobald sie schreiben können, gehen einige Kinder dazu über, Geschichten daheim oder in Unterrichtspausen aufzuschreiben und mir zum Abschreiben zu geben.

Im März können fast alle Kinder eigene Erlebnisse oder Phantasiegeschichten aufschreiben, wenn auch oft die Wörter ineinanderfließen und noch gar keine voneinander abgegrenzten Sätze gebildet werden. Das ergibt sich mit der Zeit, ich brauche nur die Geschichten abzuschreiben und auf die Unterschiede zwischen Original und Abschrift hinzuweisen.

Während die meisten Kinder an ihrer Geschichte schreiben, lasse ich mir von denen, die mit dieser Aufgabe noch nicht fertig werden, ihre Geschichte erzählen und schreibe sie auf. Dabei gewinnen sie so viel Mut, daß sie sich bald von meiner Hilfe lösen können.

Die schreibscheuen Kinder bekommen hier, vor dem eigentlichen Aufsatzschreiben, die Hilfe, die das Entstehen von hartnäckigen Verkrampfungen verhindert. Immer wieder muß ich ihnen sagen, sie sollten doch einfach draufloserzählen, wenn sie nach Sprachformeln suchen, die ihrer Meinung nach in einer Geschichte erwartet werden. Und wenn ich zu schreiben anfange, sobald sie den Faden ihrer eigenen Erzählung gefunden haben, löst sich die Unsicherheit, und sie erzählen ruhig und fließend. Wenn es unklar wird, frage ich nach. Wenn etwas besonders anschaulich beschrieben wird, sage ich, daß ich es mir genau vorstellen könne. So beginnen sie, ihre Sprache bewußt zu benutzen. Und sie

behalten diese Situation als Modell in Erinnerung: Etwas war zu erzählen und wurde aufgeschrieben, und jemand wollte alles genau wissen.

Alle Geschichten werden von mir abgeschrieben und aufgehängt und dann in einer großen Mappe als *Unsere Geschichten* gesammelt. Immer wieder lesen die Kinder darin und sind besonders stolz, wenn unsere Fachlehrer oder Gäste die Mappe entdecken.

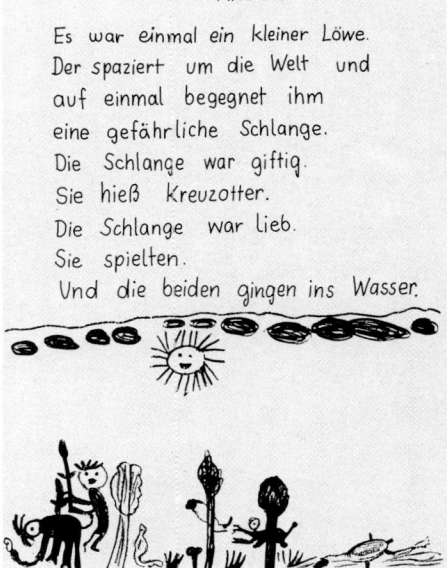

84

Messer, Gabel, Löffel

Wir wollen einmal gemeinsam frühstücken, aber zuvor gibt's viel zu lernen: über Bestecke, über das, was man tut beim Frühstücken, und über die Auswahl der richtigen Nahrungsmittel.

Jedes Kind bringt ein Messer mit. Griff, Klinge, Schneide, Rücken — wir untersuchen die Funktion der Teile des Messers. Beim Brotstreichen hält man das Messer schräg, damit immer ein Teil der Butter durchschlüpfen kann und so auf der Brotscheibe verteilt wird. Wir üben es sozusagen trocken, denn es macht den meisten Kindern noch so viel Mühe, daß sie sich lieber bedienen lassen daheim.

Eine Brotscheibe kann man halbieren, auch wenn sie zunächst nur aus Papier ist. Ob die Hälften wirklich gleich groß sind, findet man heraus, wenn man sie übereinanderlegt. An der Tafel und später auch auf einem Arbeitsblatt sind verschiedene Dinge gezeichnet, die alle mit einem gezielten Strich genau halbiert werden sollen. In jede Hälfte kann man dann schreiben: ¹/₂, und übt dabei diese Schreibweise. Schwierig wird es, wenn man sagen soll, daß drei Semmeln und eine halbe Semmel 3½ Semmeln sind.

Aus Alufolie kann man Puppenbestecke machen, jede Form hat ihre besonderen Schwierigkeiten. *Gib mal deine Hand!* Sean hat mit seinem Löffel einen Wassertropfen bis in meine Hand getragen. *Ein richtiger Löffel! Mit der Gabel oder mit dem Messer kann man das ja nicht machen.*

Bäckerei

Wir mahlen Weizenkörner in der elektrischen Kaffeemühle, und zum Erstaunen der Kinder entsteht Mehl, weißes Mehl aus bräunlichen Körnern. Man kann daheim auch Mehl aus Haferflocken machen und sogar aus Linsen. Manche Kinder lassen sich Weizenkörner mitgeben, um sie daheim keimen zu lassen. Karli hat schließlich ein kleines Weizenfeld im Blumentopf und bringt es in die Schule mit. Mehl keimt nicht mehr, stellen wir fest.

Wir vergleichen Brotsorten. Im Vollkornbrot finden sich ganze Körner. Bei Semmeln erkennt man nicht mehr, woraus ihr Mehl gemacht wurde.

Ich teile ein Blatt mit einem Text aus, der alles noch einmal zusammenfaßt: wie aus Körnern Getreide wird, das wieder Körner liefert, die zu Schrot oder Mehl gemahlen werden. In drei kleine Felder kleben wir mit Tesafilm je etwas Mehl, Schrot oder ein paar Körner.

Wir besuchen den Bäcker um die Ecke, und er zeigt uns, wie die Semmeln und Zöpfchen gemacht werden und natürlich auch die Kuchen und woher das Muster in den Broten kommt. Jeder bekommt zum Schluß eine frische Semmel.

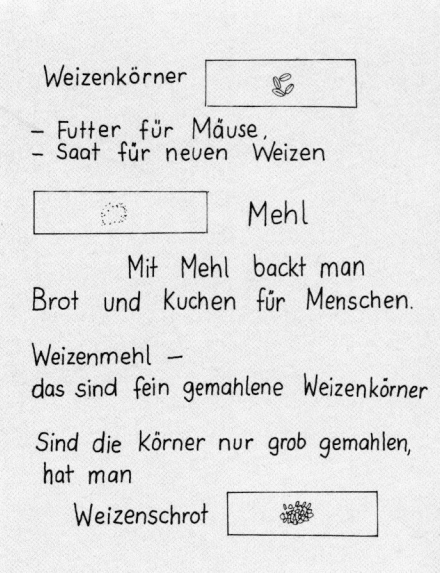

Weizenkörner

- Futter für Mäuse,
- Saat für neuen Weizen

Mehl

Mit Mehl backt man Brot und Kuchen für Menschen.

Weizenmehl – das sind fein gemahlene Weizenkörner

Sind die Körner nur grob gemahlen, hat man

Weizenschrot

Frühstücken

Das Frühstück ist für viele Kinder die unangenehmste Mahlzeit; sie kommen in die Schule, ohne etwas gegessen zu haben und werden dann sehr rasch müde im Laufe des Vormittags. Wir haben, und werden dann sehr rasch Frühstück gesprochen. Am Morgen nach dem Bäckerbesuch wollen wir in der Schule gemeinsam frühstücken.

Jeder bringt etwas mit, dann kann man tauschen und neue Genüsse kennenlernen. Das fängt mit braven Butterbroten an und endet mit Joghurt und Schokostreuseln auf Mettwurst und Christines Ausruf: *Ich hab' einen Milch-* *rausch!* Silvia warnt mich: *Wenn gleich was knallt, dann bin ich geplatzt.*

Anschließend entscheiden die Kinder, die Tische sollten so gruppenweise stehenbleiben. Die Frühstücksgemeinschaften wollen beisammenbleiben.

90

„Meine" Gruppe

Die neue Sitzordnung bewährt sich. Man sitzt nicht mehr so dicht aufeinander. Die Kinder können sich freier bewegen. Sie laufen jetzt mehr in der Klasse herum, um sich etwas zu holen oder etwas zu besprechen oder nur, um sich zu bewegen. Nur wenn ich den Raum verlasse, müssen sie strikt auf ihrem Platz bleiben, weil Raufereien und Verletzungen entstehen könnten und ich nicht da wäre, um zu helfen.

Die Gruppenordnung fordert mich stärker heraus, im Klassenraum herumzugehen und im Laufe des Vormittags wenigstens jedem Kind einmal über die Schulter zu sehen und womöglich mit ihm persönlich zu sprechen. Zugleich entlastet sie mich von den pausenlosen Ansprüchen aller Kinder, die nun viel mehr mit den Kindern ihrer Gruppe beschäftigt sind als mit mir. Daraus entstehen dann aber wieder neue Probleme, wenn eine Gruppe nicht im Gleichgewicht ist und ihre Konflikte nicht mehr allein regeln kann.

Jede Gruppe hat einen Chef. Er teilt Blätter und Hefte aus und sorgt dafür, daß die Hefte gruppenweise aufgeschlagen ineinandergelegt eingesammelt werden, damit sie nach der Korrektur rasch wieder in Gruppenbündeln ausgeteilt werden können.

Nach drei Tagen soll jeweils ein anderes Kind Chef werden. Darüber gibt es Streit. Man versucht es mit Knobeln oder Regeln, z. B.: *Der Chef bestimmt immer den nächsten Chef!* Oder: *Immer der Reihe nach rum.* Thomas meldet sich strahlend! *Wir machen das jetzt so: Ich bin der Chef, und Sami ist der Unterchef.* Bleiben vier in ihrer Gruppe, über die sie bestimmen können. Woher kommt dieser Wunsch nach einer Hierarchie?

Zunächst überlasse ich die Gruppen sich selbst. Sie müssen Konflikte erlebt haben, um den Sinn angebotener Regelungen begreifen oder gar selbst Regelungsverfahren entwerfen zu können.

Später werden die Konflikte zum Unterrichtsgegenstand. Jede Gruppe ist einmal dran, ihre Probleme und besonderen Vorzüge darzustellen und diskutieren zu lassen.

Fragen des Miteinanders in der Klasse werden auch immer wieder erörtert, wenn ein Kind sich umsetzen möchte. Das geht fast nie mit einem einfachen Tausch ab, weil gleich weitere Versetzungswünsche laut werden und wir dann die Gruppen wieder so zusammenstellen müssen, daß sie vermutlich arbeitsfähig sein werden.

Am stabilsten sind die Gruppen, in denen die Mehrzahl der Kinder sich sehr leicht tut. Sie haben kaum Probleme miteinander und kapseln sich ab. Sie mögen dann auch keine Kinder mehr bei sich haben, die schwierig sein könnten. Als wir das erörtern, kann ich ihr soziales Verantwortungsgefühl wieder wecken, und sie lassen sich voneinander trennen.

Es gibt auch Kinder, die zuviel davon haben: Stefan ist so sehr um die Nöte der anderen Kinder an seinem Tisch besorgt, daß er sie fast entmündigt und seine eigenen Aufgaben nur mehr schlampig erledigt und dadurch in Schwierigkeiten kommt.

Wenn die Kinder nicht von Anfang an in das Korsett einer strengen Ordnung gezwängt werden, wenn sie miteinander reden können und gemeinsame Aufgaben zu bearbeiten haben, wenn das Klassenzimmer ein Raum ist, der vom Leben der Kinder erfüllt ist, und nicht nur der Rahmen für die vorgeschriebenen Reaktionen von kleinen Schulfunktionären, dann ergeben sich immer wieder Begegnungen und Konflikte, die zum Gegenstand regelrechten Unterrichts gemacht werden können. Aber den wichtigsten Teil ihrer sozialen Erziehung übernehmen die Kinder gegenseitig und in der Gruppe.

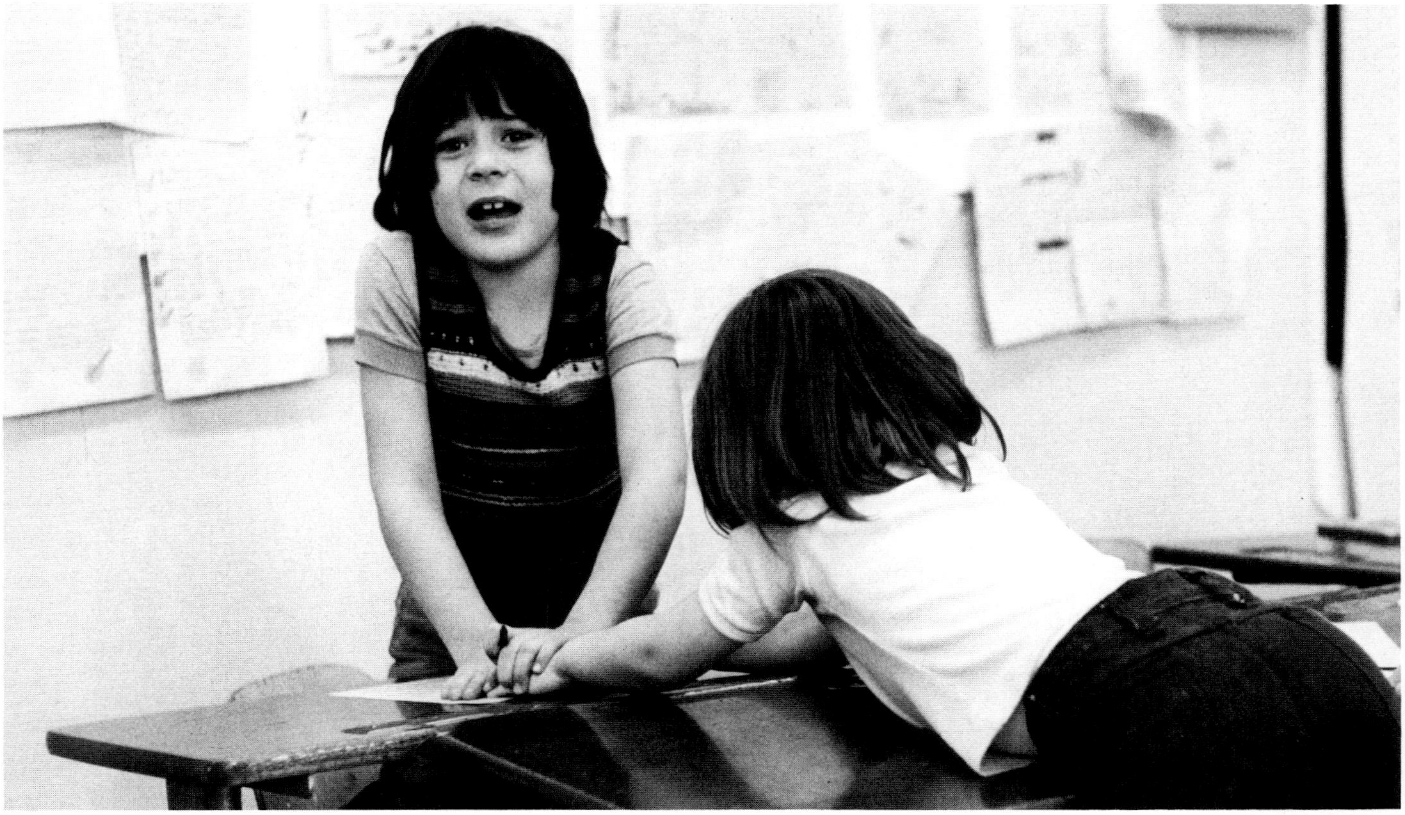

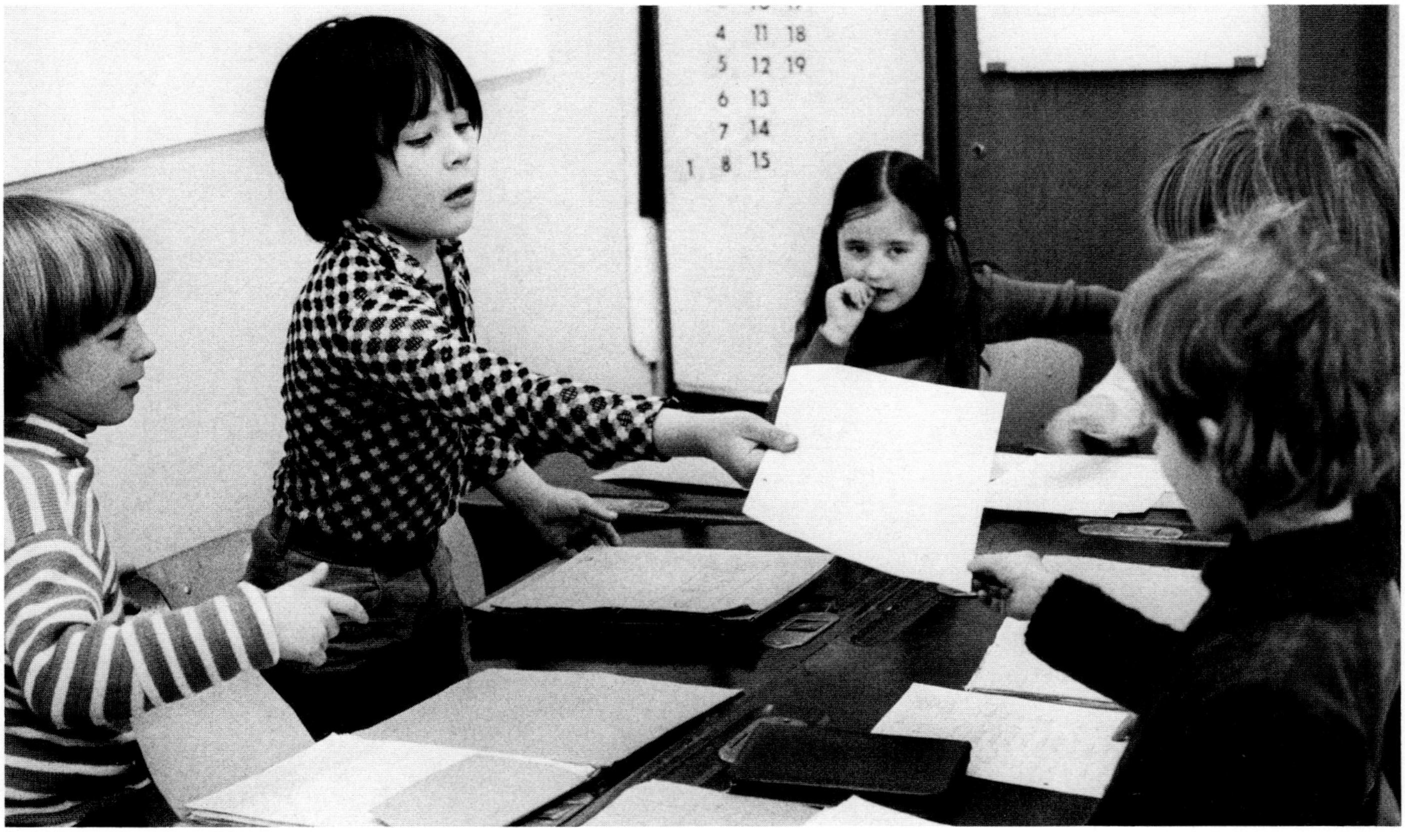
4 11 18
5 12 19
6 13
7 14
1 8 15

Rührei

Wir brauchen Eier für einen Oster-
strauch. Also blasen wir welche aus
und machen Rührei.

Dabei kann man etwas lernen über
Druckluft und beobachten, wie Eigelb
und Eiweiß gerinnen, wenn sie erhitzt
werden.

Jeder will mal in der Pfanne rühren,
aber der Wechsel klappt nicht recht.
Zum Beispiel rührt Wolfi in der
Pfanne, aber Jörg will auch rühren.
Weil Wolfi die Gabel nicht abgibt, holt
Jörg aus, haut Wolfi eine runter, und
schon ist er dran.

Ostereier

Renates Vater ist Bäcker und hat uns eine ganze Kiste Eier ausgeblasen. Sie werden angemalt, um an einen Strauß gehängt zu werden.

Am schnellsten geht das mit Farbtupfen, die man mit Palmkätzchen aufträgt. In halben Eierbehältern habe ich dickflüssige Farbe bereitgestellt.

Am schönsten werden die Eier, die sorgfältig mit Buntstiften angemalt werden.

Ich zeige nur einmal, wie man ein Streichholz so in eine Fadenschlinge legt, daß es nicht mehr herausrutschen kann und dann auch das Ei sicher hält. Einige Kinder haben es verstanden und zeigen es wieder anderen. Bald können es alle Kinder.

Es ist gut, daß wir einen so großen Vorrat an ausgeblasenen Eiern haben. So kann schließlich jedes Kind ein paar Eier aus unserem Klassenschmuck mit heimnehmen, obwohl sehr viele Eier zerbrochen sind.

III. Von Ostern bis zu den Sommerferien

Nach den Osterferien hätten manche Kinder von großen Reisen zu berichten, und sie brennen natürlich darauf, es zu tun. Ich räume eine Stunde für private Gespräche ein, lasse aber keine Renommierberichte vor der ganzen Klasse zu. In diesem Alter geben Kinder dem Hang zur Angeberei meist zu sehr nach und die Zukurzgekommenen entwickeln aus der Benachteiligung Minderwertigkeitsgefühle.

Soziale Erziehung darf nicht in bestimmte Unterrichtsstunden verbannt werden, in denen hochtrabend moralisiert wird, ohne daß sich in der Praxis etwas ändert. Soziale Erziehung findet täglich statt, wenn der Lehrer auf einem verantwortungsvollen Verhalten besteht, seinen Standpunkt immer wieder erläutert und mit den Kindern diskutiert. Hin und wieder kann sich dann aus einem besonderen Fall oder Konflikt eine eigene Unterrichtsstunde ergeben. Man muß aber auch darauf achten, daß die Kinder möglichst keine Gelegenheit haben, Bedürfnissen nachzugehen, die das soziale Klima stören. Die damit verbundene Befriedigung macht jeden nachfolgenden Korrekturversuch unwirksam.

Weil wir so oft darüber gesprochen haben, kennen die Kinder jetzt ihre eigenen und die oft widerstreitenden Interessen der Gruppe so gut, daß wir die Normen des Verhaltens in der Klasse, die zunächst weitgehend von mir bestimmt wurden, diskutieren und so ändern können, daß sie einiges besser regeln und gleichzeitig mehr Freiheit geben.

Wir haben nämlich eine merkwürdige Erfahrung gemacht: Wenn die Klasse sich, wie es in unserer Schule üblich ist, zu zweit anstellt, bevor wir in die Turnhalle gehen, gibt es jedesmal Ärger, weil ohne Druck von mir nur ein tobender Haufen zustande kommt und in der schließlich geordneten Reihe auf den Gang doch soviel Lärm entsteht, daß die anderen Klassen gestört werden. Weil das Wandern ohne Ordnung so gut klappt, beschließen wir, auch den Weg zur Turnhalle zu entordnen. Wenn alle bereit sind, gebe ich ein Zeichen, erinnere an die Notwendigkeit, Rücksicht zu nehmen und dann geht jeder für sich zur Halle. Es ist jetzt viel leiser als früher und wir sparen Zeit und Nerven, die wir sonst für das sinnlose Aufstellen verbraucht haben.

Damit sie lernen, sich zu einigen, wenn mehrere Kinder dasselbe gleichzeitig haben wollen, bringe ich zwei Kaleidoskope mit in die Schule, die die Kinder in die Pause mitnehmen dürfen. Sie wissen, daß man sich diese zerbrechlichen Wunderdinger nicht gegenseitig aus der Hand reißen darf, weil sie sonst kaputtgehen könnten. Es ist rührend, zu sehen, wie sie sich zurückhalten und höflich darum bitten, auch mal dranzukommen. Und weil eine egoistische Abwehr als Reaktion auf eine höfliche Bitte gegen die gemeinsam vereinbarten Regeln verstößt, wandert das Kaleidoskop ohne Streit von Hand zu Hand. Aus der Einsicht in solche Zusammenhänge kann allmählich so etwas wie Stolz entstehen, der sich nicht verzeiht, ständig psychologischen Kurzschlußreaktionen preisgegeben zu sein.

Der Deutschunterricht hat in jedem Tertial andere Schwerpunkte, ist aber in keinem Fall ganz mit dem Sachunterricht verknüpft. Besonders im ersten Tertial ist es unsinnig, die Begriffe aus dem Sachunterricht zum Lesenlernen zu benutzen. Denn entweder schränkt man damit den Sachunterricht auf banalste Sachverhalte ein oder der Leseunterricht wird zu schwierig.

Wie im I. Tertial das Lesenlernen, steht im II. das Schreiben im Mittelpunkt. Im III. Tertial dann soll das Schreiben zu einer selbstverständlich beherrschten Technik werden. Spezielle Lesestunden sind nicht nötig, wenn es im Sachunterricht genügend Anlässe zum Lesen gibt. Im Mittelpunkt des Deutschunterrichts steht jetzt die Vorbereitung der Sprachlehre. Man kann in der gegenwärtigen Organisationsform der Schule nicht so nebenbei Sprachbarrieren abbauen, wenn auch die Gelegenheit, jeden Schulvormittag mit Kindern unterschiedlichster Sprachkompetenz zwanglos reden zu können, sicher schon mehr bewirkt als sterile Trainingsprogramme für spracharme Kinder. Auf jeden Fall aber muß in der ersten Klasse die distanzierte Betrachtung der eigenen Sprache geübt werden, denn der Sprachlehrunterricht der späteren Jahre nimmt kaum Rücksicht darauf, daß Kinder aus spracharmem Milieu ihm gar nicht folgen können, weil sie nie gelernt haben, ihre Sprache anders als naiv zu gebrauchen.

Der Sachunterricht ist das Herzstück des dritten Jahresabschnitts. Hier sind wir vom Staunen über Fremdartiges, von der Erfahrung, daß bei genauem Zusehen das Alltäglichste überraschende Zusammenhänge offenbart bis zu ersten systematischen Experimenten gelangt.

Mit Hilfe einer Reihe von Arbeitsblättern wird auf recht sinnfällige Weise klar, was bloß eine Vermutung ist oder eine Behauptung im Unterschied zu einem Beweis, den man sich am besten selbst verschafft. Die Übertragung dieser Schulweisheit ins Leben ergibt sich sehr rasch: Wie auch ich müssen sich manche Väter und Mütter gefallen lassen, daß ihnen gesagt wird: ‚Das behauptest du! Aber kannst du es beweisen?'

Man muß angebliche Tatsachen anzweifeln können, wenn man vom naturwissenschaftlich-technischen Sachunterricht mehr haben will als nur die Gelegenheit, mit vorbereiteten Materialien nichtdurchschaute Experimente zu zelebrieren. Für wirklich forschendes Experimentieren eignen sich zumindest in diesem Alter feierliche Laborgeräte weit weniger als z. B. die Dinge, die man in jedem Haushalt finden kann. Dann ergibt sich auch beiläufig immer wieder eine Begegnung mit den behandelten Problemen und interessierte Kinder können die Versuche aus der Schule daheim wiederholen.

Saug-Versuche mit dem Strohhalm
Probiere und notiere!

	ja	nein
Kannst du Gries aufsaugen?		
Kannst du Mehl aufsaugen?		
Kannst du Semmelbrösel aufsaugen?		
Kannst du Papierschnipsel aufsaugen?		
Kannst du Zucker aufsaugen?		
Kannst du Cornflakes aufsaugen?		
Kannst du Bleistifte aufsaugen?		
Kannst du Reis aufsaugen?		
Kannst du Seidenpapierschnipsel aufsaugen?		
Kannst du einen Faden aufsaugen?		
Kannst du Haferflocken aufsaugen?		
Kannst du Knäckebrot aufsaugen?		
Kannst du Sternchennudeln aufsaugen?		
Kannst du ein Stück vom Plastikbeutel aufsaugen?		

Vermute und prüfe dann!

	Vermutung	Befund
Haben wir rote Kreide?		
Haben wir noch Computerpapier?		
Hat jedes Kind aus deiner Gruppe heute einen Radiergummi mit?		
Sind beide Tafelschwämme feucht?		
Hat schon eine von unseren Kaulquappen vier Beine und einen nur noch kurzen Schwanz?		
Liegen im linken Schubfach des Schreibtisches Tempotaschentücher?		
Haben alle Kinder deiner Gruppe ihren Kinderduden dabei?		
Haben die Radieschensamen im Blumenkasten schon gekeimt?		
Hat sich die Blume, die nicht gegossen wird, schon verändert?		

Trage in die erste Spalte ja oder nein ein. Dann überprüfe deine Vermutung!

Das sind Behauptungen.
Prüfe, ob sie stimmen!

① Du kannst mit der Zunge bis an deine Nasenspitze reichen. — stimmt / stimmt nicht

② Auf Seite 30 in der Fibel ist eine Maus mit grünem Hut zu sehen. — stimmt / stimmt nicht

③ Deine Farbstifte sind nicht alle spitz. — stimmt / stimmt nicht

④ Dein Anspitzer ist stumpf, du brauchst ein neues Messer. — stimmt / stimmt nicht

⑤ Du kannst ausrechnen, wieviel Bonbons Fritz übrig behält, wenn er von 20 Bonbons 10 heimlich im Unterricht lutscht. — stimmt / stimmt nicht

⑥ Während du diese Hausaufgabe machst, scheint die Sonne. — stimmt / stimmt nicht

⑦ Wenn du die Lampe ganz fest anstarrst, geht sie an. — stimmt / stimmt nicht

⑧ Du kannst das linke Auge zukneifen und dabei das rechte offenhalten. — stimmt / stimmt nicht

---

Neue Behauptungen - prüfe sie!

	stimmt	stimmt nicht
1. Unter deinem Bett liegt ein Löwe.		
2. Deine Mutter findet es unappetitlich, wenn du in der Nase bohrst.		
3. Du hast an jeder Hand fünf Finger.		
4. Auf Seite 53 in der Fibel steht ein Gedicht über ein Kind, das Angst vor der Dunkelheit hat.		
5. Auf der nächsten Seite ist ein Mädchen mit einer roten Schleife abgebildet.		
6. Aus eurem Wasserhahn fließt heute rosa Wasser.		
7. Wenn du einen einzelnen Tropfen anbläst, trocknet er rasch.		
8. Du kannst einen Wollfaden zerreißen.		
9. Das Papier in deinem Schreibheft ist etwas durchsichtig.		

Ordne die Begriffe!

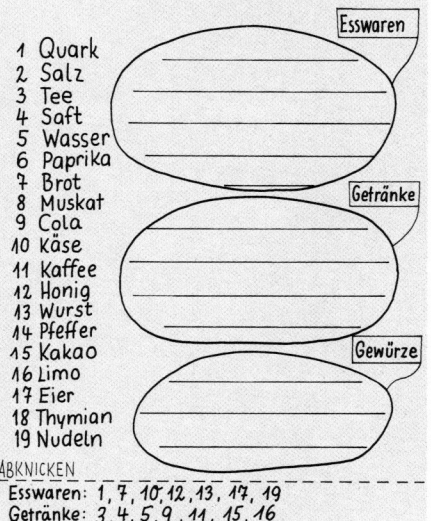

1 Quark
2 Salz
3 Tee
4 Saft
5 Wasser
6 Paprika
7 Brot
8 Muskat
9 Cola
10 Käse
11 Kaffee
12 Honig
13 Wurst
14 Pfeffer
15 Kakao
16 Limo
17 Eier
18 Thymian
19 Nudeln

Esswaren • Getränke • Gewürze

ABKNICKEN
Esswaren: 1, 7, 10, 12, 13, 17, 19
Getränke: 3, 4, 5, 9, 11, 15, 16
Gewürze: 2, 6, 8, 14, 18

Brrrr – die nasse Badehose!

Hans, Lotte und Katrin sind zusammen ins Schwimmbad gegangen. Sie planschen im Wasser herum, bis sie ganz kalt sind. Jetzt aber raus!
Raus aus dem Wasser und raus aus der nassen Badehose.
Sie ziehen trockene Hosen an. Die nasse Hose hängt Lotte auf den Zaun. Sie flattert im Wind. Und die Sonne scheint auf die Hose.
Hans legt seine nasse Hose ausgebreitet in die Sonne auf die Wiese.
Katrin läßt ihre nasse Hose zusammengedreht liegen.

Nachher wollen sie wieder ins Wasser. Da müssen sie die Badehosen wieder anziehen. Ob bis dahin alle trocken sind?

Was für ein Wort ist das? Kreuze an!

	Tun-wort	Wie-wort		Tun-wort	Wie-wort
rot			kämmen		
schnell			rasieren		
laufen			voll		
spielen			böse		
groß			kriechen		
hüpfen			bellen		
klein			laut		
schwarz			garstig		
gelb			kochen		
schreiben			fahren		
singen			raufen		
wachsen			gar		
blau			roh		
bunt			blasen		

Von 28 Kreuzen hast du ☐ richtig.

Ich warte am Fenster

Ein ^R_rotes $^{Au}_{au}$to fährt $^{Sch}_{sch}$nell um die ^E_ecke.
Frau ^M_meier trägt eine $^{Sch}_{sch}$were ^T_tasche.
Der ^F_freche ^F_fritzi trödelt hinter seiner ^M_mutter her.
Am ^B_baum steht ein ^G_großer ^H_hund ^H_hebt sein ^L_linkes ^H_hinterbein.
Gegenüber $^{Sch}_{sch}$aut ein ^M_mann mit ^G_grimmigem ^G_gesicht aus dem ^F_fenster.
Endlich ^S_sehe ^I_ich meinen ^L_liebsten ^F_freund ^K_kommen.
Weil ^E_er mich ^N_nicht ^S_sieht, ^P_pfeife ^I_ich.
Er ^W_winkt vergnügt zu meinem ^F_fenster herauf.

Überlege: Fängt das Wort groß oder klein an? Verbinde es mit dem richtigen Buchstaben.

Schwimmt das im Wasser?

Gegenstand	Vermutung	Befund	Gegenstand	Vermutung	Befund
1. Lineal			13. Streichholzschachtel		
2. Kreide			14. Stäbchen		
3. Taschentuch			15. Plastikschachtel offen		
4. Nagel			16. Plastikschachtel geschlossen		
5. Gras			17. Sand		
6. Papier			18. Pinsel		
7. Löschpapier			19. Stein		
8. Nuß			20. Styropor		
9. Korken			21. Plastilin		
10. Büroklammer			22. Luftballon		
11. Plastik			23. Bleistift		
12. Pappröllchen			24. Wachskreide		

Vom Fliegen

Zufällig erzählt ein Kind von einer Flugreise. Und weil die Kinder viele Fragen haben, befassen wir uns mal mit dem Fliegen.

Die erste Aufgabe für die Gruppen: *Schreibt auf, was fliegt!* Fünf Gruppen reagieren sofort: *Du schreibst!* Und rücken zusammen, lümmeln sich quer über den Tisch, es wird sehr laut diskutiert. *Du hast noch nichts gesagt! — Hm, Rakete! — O ja, und Hubschrauber auch.*

In zwei Gruppen klappt es nicht. Stumm, hilflos sitzen sie brav auf ihren Stühlen. Liegt das an der Zusammensetzung der Gruppe? Sollte ich die Kinder umsetzen? Sie haben sich doch aber so zusammengefunden. — Die Hemmungen einiger Kinder wirken sich sehr stark aus, wenn sie gemeinsam Initiative entwickeln sollen und niemand sie anführt. — Es ist schwer für mich, gegenüber soviel Trägheit geduldig zu bleiben.

Im Spielschule-Film *Vom Fliegen* taucht immer wieder die Frage auf, ob ein Hut denn wirklich fliegen könne, den man fliegen sieht. *Glaub nicht alles, was du siehst im Film!*

Am nächsten Morgen machen wir eine Ausstellung von Dingen, die fliegen können. Jeder hat etwas mitgebracht: ein Spielzeug, ein ausgeschnittenes oder gezeichnetes Bild. In verschiedenen Büchern fanden sich Anregungen. Wir sammeln die Wörter an der Tafel.

Wolfgang unterbricht uns: *Da liegt eine Feder. Die kann fliegen.* Er trägt sie vorsichtig auf der Handfläche zur Ausstellung. *Wieso ist die auf einmal weg? Die kann doch nicht echt fliegen?* Sie ist so leicht, daß sie schwebt. Sie wird von der Luft getragen.

Was ist so leicht, daß es schweben kann? Auch diese Wörter schreiben wir an die Tafel. Dann kann man viele Sätze ins Heft schreiben, was fliegt und was schwebt.

Unser Spiel *Alle Vögel fliegen hoch . . .* wird jetzt schwieriger; wir müssen es mit dem Wort genauer nehmen.

Als Hausaufgabe sind Wörter wie Blatt, Zeitungspapier, Düsenjäger, Ahornsamen usw. zu ordnen: Was fliegt? Was schwebt?

Wir falten verschiedene Flieger aus

Papier und lassen sie im Klassenzimmer und auf dem Schulhof steigen.

Wenn ich ein Vöglein wär' . . . singen wir. Kinder in diesem Alter haben die Grenzen des Wünschbaren noch nicht endgültig anerkannt.
Traurig schlagen sie mit den Armen, als könnten es doch noch Flügel werden. Goethes Gedicht *Das Meislein* gefällt ihnen so gut, daß sie es auswendig lernen möchten. Aber es ist zu schwer.

Wie sieht die Welt von oben aus? Da wissen sie schon allerhand aus Filmen, und es gibt Bilder davon in Büchern und Zeitschriften.

Zweimal gibt es als Hausaufgabe nachmittags einen Film im Fernsehen anzuschauen: *Segelflug* und *Fallschirmspringen.*

Daraus entstehen immer neue Gesprächsthemen und Fragen. Wir versuchen, einen Fallschirm zu basteln, und schauen im Kinderduden das Bild vom Flughafen an.

Gerade ist ein neues Buch von *Zimnik* erschienen: *Bill Bos Ballonfahrt.* Wir sind eingeladen, echte Gasballons steigen zu lassen. Später einmal sehen wir uns den Film *Die Reise im Ballon* von *Lamorisse* an.

Wir finden in der Schule, daheim und in der Bibliothek Bücher und Lexikonartikel über Ballons, fliegende Tiere und fliegende Maschinen, Stoff für immer neue Gespräche in Unterrichtspausen.

Tierkinder

In einer Illustrierten finden wir Fotos von der Geburt eines Zebras. Wir hängen sie auf. *Und was geschieht, bevor das kleine Zebra geboren wird?*

In einer Kinderzeitung ist die Entwicklung des Hühnchens im Ei in neun Phasen gezeichnet. Das Episkop vergrößert die Bilder, und man sieht genau, wie sich aus der Keimscheibe allmählich der immer differenzierter werdende Organismus entwickelt. *Zuerst sieht man ja gar nicht, daß es mal ein Küken wird, und am Schluß ist es so süß! Das hängen wir auch auf!* — Als wir später einen etwas schwierigen Film über die Entwicklung des Hühnchens im Ei ansehen, merken die Kinder, was sie bei Betrachtung der Einzelbilder gelernt haben.

Im Bilderbuch *Die Henne und das Ei* von *Mari* kann man die Entwicklung bis zur erwachsenen Henne verfolgen. Dann geht es wieder von vorne los. Beim dritten gemeinsamen Durchblättern sprechen einige Kinder meinen Kommentar mit und wollen gar nicht aufhören. *Immer geht's wieder so weiter, und es werden immer mehr Hühner.*

Sind die Eier, die wir essen, auch befruchtet? Was ist eine Hühnerfabrik? Warum dauert es 21 Tage, bis das Küken fertig ist? Die Fragen nehmen kein Ende.
Renate hat mal Küken im Brutschrank gesehen, da war es immer warm. Andreas erzählt von den Tauben, die auf seinem Balkon brüten. Svenja ist empört, daß der Kuckuck sein Ei in fremde Nester legt: *Den würde ich aber nicht füttern!* Ich erkläre, daß die Vogeleltern immer füttern müssen, wenn sie einen aufgesperrten Schnabel sehen, und daß es auch bei Menschen solche angeborenen Reaktionen gibt.

Säugetiere werden lebend geboren, auch der Hai. Wir haben Bilder davon.

Vögel legen ein paar Eier, Fische oft einige hundert, aber sie brüten dann nicht. Im Bückling aus dem Fischgeschäft kann man viele winzige Fischeier sehen. Wir lesen das Gedicht *Das Huhn und der Karpfen*.

Ein ganzes Blatt voll Tiernamen soll zerschnitten, sortiert und aufgeklebt werden: Säugetiere, Vögel, Fische. Mirjana und Heidi geraten darüber ins Kichern: *Wolfi ist ein Säugetier. Harry ist ein Säugetier. Du bist ein Säugetier, und ich bin auch eins.* Andreas fragt: *Warum legen Vögel so viele Eier, und Menschen bekommen immer nur ein Kind?*

Wir haben Froschlaich im Aquarium und beobachten über Wochen, ob die Kaulquappen sich so entwickeln, wie wir es in einem Film gesehen haben.

Aus Fliegeneiern, kleinen gelben Stiften, werden in zwei Tagen Maden und nach einer Woche Fliegen. Die Veränderungen sind unheimlich. Wenn Frösche und Fliegen nicht so viele Feinde hätten, würde bald die ganze Welt von ihnen wimmeln. Diese Aussicht dämpft das Mitleid für die süßen Fröschchen.

Manche Tierkinder sehen den Eltern ähnlich. Bei manchen erkennt man im Namen den der Eltern: Affe — Äffchen z. B. Andere Tierkinder haben eigene Namen wie Ferkel und Kalb. Die Zuordnungsaufgabe *Elterntier zu Kind* kann man lösen, ohne zu merken, daß man dabei auch Lesen übt.

Zu jedem Tier das richtige Tunwort zu finden ist schwieriger. Da man aber nur Ziffern einsetzen muß, kann man Fehler schnell ausbessern.

Ein eigenes Tier zu haben, so ein nettes kleines, davon träumen fast alle Kinder. *Ich und die Maus* von *Guggenmoos* trifft genau den Ton dieser Sehnsucht, lernen die Kinder gerne auswendig.

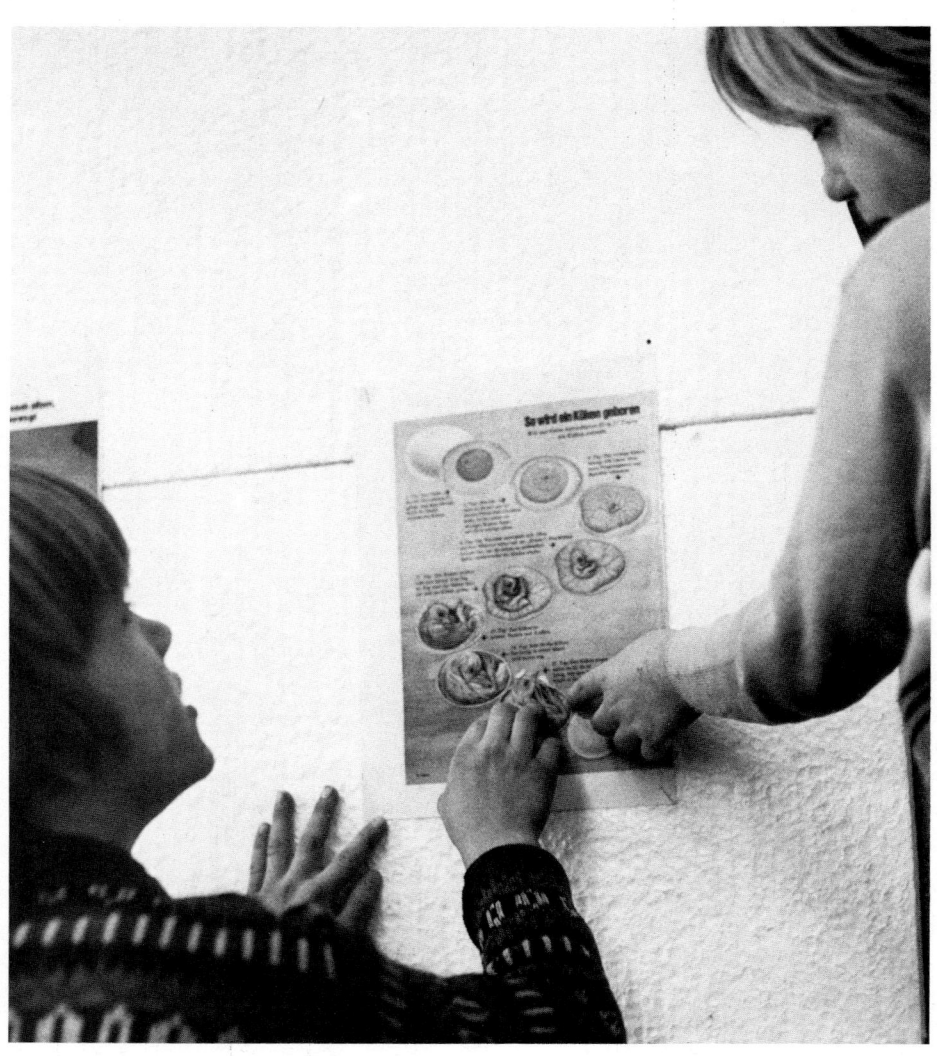

Ein kleines Schwein heißt
Ein kleiner Hund heißt
Ein kleiner Affe heißt
Ein kleines Pferd heißt
Eine kleine Kuh heißt
Ein kleiner Spatz heißt
Eine kleine Ente heißt
Ein kleines Huhn heißt
Eine kleine Katze heißt

Küken	Äffchen	Kalb	Ferkel
Spätzchen	Entchen	Fohlen	Kätzchen

Tierkinder

Manche Tiermütter bringen lebende Junge auf die Welt. Das ist so bei Hunden, Katzen, Pferden, Zebras, Löwen, Känguruhs und vielen anderen.

Manche Tiermütter legen Eier. Im Ei entwickelt sich das Junge. Eines Tages schlüpft es aus dem Ei.

Nicht nur Küken und Vögel schlüpfen aus Eiern. Das tun auch Raupen, Fische, Schlangen und Schnecken.

Küken picken ihr Futter selbst. Kleine Vögel müssen gefüttert werden.

Kleine Katzen, Hunde, Känguruhs saugen Milch aus Zitzen am Bauch der Mutter. Das kleine Känguruh hat es dabei besonders gemütlich. Kennst du noch andere Säugetiere?

Gelenke

Wenn Sechsjährige sich die Schmutz-
hände waschen, bleiben meist die
Handrücken dunkel, und in den Hautfalten sammelt sich Schwärzliches.
Sich waschen — das ist uninteressant
und lästig. Man kann versuchen, den
eigenen Körper und seine Pflege interessant zu machen.

*Schau einmal deinen Daumen an! Du
kannst ihn in der Mitte umbiegen, und
wo er an der Hand ansitzt, knickt er
auch um. An diesen zwei Stellen hat
der Daumen Gelenke.* Das kann jedes
Kind an sich ausprobieren. Gleich entdecken sie: *Der Finger hier hat drei
Gelenke. — Jeder Finger hat drei
Gelenke. — Und zwischen der Hand
und dem Arm ist noch ein Gelenk.*
Über den Gelenken hat die Haut
Falten. Warum? — *Halte mal die Haut
fest, und mach den Finger krumm! —
Das geht nicht. Das zieht so.* Wenn
man losläßt und den Finger beugt,
spannt sich die Haut den weiten Weg
um die Ecke. Da braucht es viel Haut.

Man kann die Hand auf ein Papier
legen, eine Linie herumziehen und
mit roten Punkten die Gelenke ein-
zeichnen, mit Strichen die Falten dazu.

Dann untersuchen wir den ganzen
Körper. Wo ein Gelenk ist, bekommt
der Strichmann auf dem Arbeitsblatt
einen roten Punkt. Die Wirbelsäule
läßt sich Stück für Stück biegen, eine
Kette von Gelenken. — *Wie beim
Katzenskelett!*

Den meisten Kindern sind nicht alle
Namen für Körperteile geläufig. An
der Flanelltafel wird eine Gliederpuppe
zusammengesetzt, auf allen Teilen
steht ihre Bezeichnung. Man muß
lesen, um sie richtig zusammenzusetzen.

Wir üben die Namen der Gelenke:
Die Kinder heften Pfeile an die
Flanelltafel, die zeigen auf Gelenke:
Das ist das linke Schultergelenk.

Als Hausaufgabe gibt es einen Glieder-
mann zum Ausschneiden. Der soll am
nächsten Tag turnen. Sevim und Svenja
können die schwierigsten Verrenkungen
vormachen. Auf allen Tischen verstellen
die Gliedermänner ihre Gelenke und
Glieder genau wie sie.

Wolfi fragt: *Warum haben die Zehen
Gelenke? — Geh mal so, als hätten sie
keine!* — Da müssen alle lachen und
schnell auch mal so gehen.

Ein Testbogen: Zeichne bei dem Mann
Schulter-, Ellbogen-, Hand-, Hüft-,
Knie- und Fußgelenk ein, und verbinde
jedes Gelenk mit dem passenden Wort.
Beim Kniegelenk z. B. ist das schwierig.

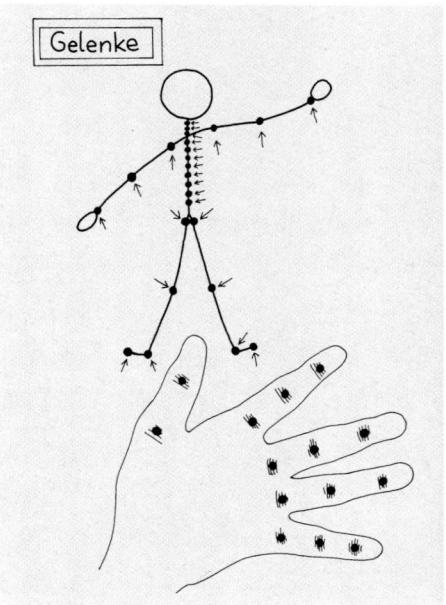

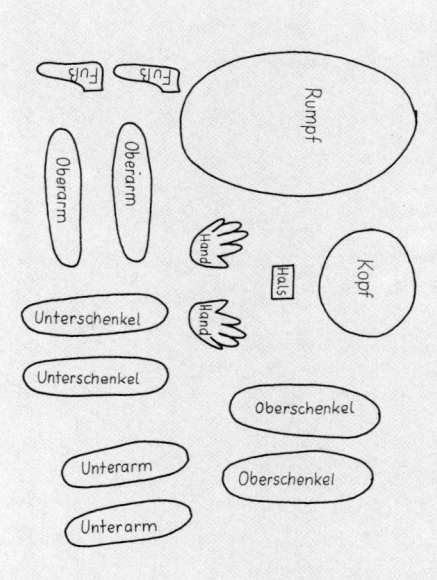

Hände waschen

Gemeinsam üben wir, die Hände so zu waschen, daß sie richtig sauber werden, und wenden dabei an, was gerade über Gelenke und Hautfalten gelernt wurde. Man muß die Hände abspülen, bis die Haut quietscht, sonst wird sie rauh.

Silvia meint, Wolfgang müsse auch im Gesicht gewaschen werden. Kein Kind läßt sich die duftende Handcreme entgehen. In der letzten Stunde schreibt Renate noch schnell nebenbei eine Geschichte: *Heute haben wir Hände gewaschen. Wir haben es gelernt: mit Wasser und mit Seife und mit Waschlappen und mit Handtüchern. Lustig ist es zugegangen. Wir haben gepritschelt.*

Man wäscht sich, auch wenn kein Schmutz zu sehen ist. Ein Wattebausch mit Alkohol zeigt jedem Kind, daß auch das scheinbar saubere Gesicht nach ein paar Schulstunden schmutzig ist.

An manchen Stellen des Körpers schwitzt man viel, das riecht nicht immer gut. Die Namen aller Körperteile werden aufgeschrieben und geübt, der Reihe nach von Kopf bis Fuß. Wörter wie Rumpf und Hüfte sind fast genauso fremd wie Glied und Scheide.

Anschließend schreibt jeder ein paar Sätze nach Wahl, wie: *Ich wasche meine Hände!* Schwierig wird's, wenn es etwa heißt: *. . . meinen Hals.* Alle Kinder erwähnen auch Glied und Scheide, das ist neu und interessant. Bei einigen Kindern kommt beides vor. *Bist du nun ein Junge oder ein Mädchen? — Ach so, das ist ja der Unterschied.*

Im *Spielbaum* von *Spohn* finde ich Anregungen für Hausaufgaben-Blätter: Die Gesicht-Geschichte muß man genau lesen und Vers und Vers das Bild dem Text entsprechend fertigzeichnen. — Wenn man in der Zwick-Geschichte ergänzt: *Zwicke zwacke in die Backe, zwicke zwust in die Br. . .,* dann hilft der Reim auch, noch ungeläufige Wörter richtig zu schreiben.

Wie sauber sind saubere Hände?

Manchmal ist das schon sehr lästig: dauernd sind meine Hände schmutzig!

Sie werden schmutzig vom Schweiß. Sie werden schmutzig von fettigem Brot. Sie werden schmutzig, wenn ich schmutzige Dinge anfasse.

„Sind die Hände sauber?" Das fragt man mich vor dem Essen und bevor ich Hausaufgaben mache.

Ich halte die Hände unters Wasser und reibe sie ein bißchen. Dann trockne ich sie ab, und das Handtuch bekommt dunkle Flecken.

Die Hände waren wohl nicht richtig sauber. Die Handflächen sind jetzt hell. Die Handrucken sind ziemlich dunkel. In den Hautfalten sitzt Schmutz.

Wie alt muß man werden, bis man lernt, sich richtig die Hände zu waschen.

Miteinander auskommen

Wie aus einem Freund ein Feind wird und dann wieder ein Freund, das erzählt *Sendak* in *Hans und Heinz*. Ich lese das Buch vor, und dann erzählen die Kinder, wie es bei ihnen wirklich mal so war. Silvia berichtet: *Ich hab' mal mit der Christine so gestritten, daß ich nicht mehr mit ihr hab' spielen wollen, und am nächsten Tag hab' ich doch wieder mit ihr gespielt, weil ich niemand gehabt habe.* Sie sagt das mit ein wenig Selbstironie.

Wolfgang kommt in der Pause weinend hereingelaufen, eine Meute Anteilnehmender hinter sich: *Der Thomas hat mich mit dem Stock aufs Ohr gehauen!* Thomas versucht, sich zu verteidigen: *Er hat mich ja auch mit dem Stock . . . Aber nicht aufs Ohr!* Ich erkläre ihnen, warum sie Stöcke besser liegen lassen und daß ja auch Sportfechter einen Schutzanzug und eine Maske tragen. Thomas wendet ein: *Aber wir wollen doch kämpfen.* Da schlage ich ihnen vor, wie sie ihre Kräfte aneinander messen können, ohne die Gefahr, sich gegenseitig zu verletzen, und ohne daß einer so wütend werden muß, daß er die Kontrolle über sich verliere.

Thomas' verheultes Gesicht hellt sich auf. Nach der Pause veranstaltet er gleich einen Schiebewettkampf mit Emanuel quer durchs Klassenzimmer.

Offenbar haben die Kinder unabhängig von aggressiven Vorbildern das Bedürfnis, ihre Kräfte aneinander zu messen. Daraus entstehen Kämpfe. Außerdem neigen viele Kinder dazu, Konflikte handgreiflich auszutragen.

Und die Fernsehhelden machen ihnen vor, wie man sich als der eindeutig Stärkere behaupten kann. Wenn die Kinder lernen sollen, sich in annehmbaren Formen miteinander auseinanderzusetzen, muß die Schule sehr eng mit den Eltern zusammenarbeiten. Denn wenn Kinder daheim angehalten werden, sich auf jeden Fall zu behaupten und sich sofort zu wehren, wenn sie sich angegriffen glauben, ist die Schule bald ein Dschungel, in dem nur mehr das Recht des Stärkeren gilt.

Immer wieder muß ich meine moralische Autorität zugunsten eines liebevollen Umgangs miteinander einsetzen, und immer wieder erkläre ich, warum ich ein bestimmtes Verhalten nicht richtig finde.

Was soll man tun, wenn einzelne Kinder nach dem Muster *Das haben wir zu Hause auch, nur größer!* reagieren? Besonders dann, wenn diese Behauptung offenbar falsch ist, kann man schwer geduldig bleiben, obwohl man die psychische Not des Angebers spürt.

Einmal werde ich sehr böse. Ich bin in der Parallelklasse. Franz hat Geburtstag und zeigt mir stolz seine neue Elektrolok. Heinz unterbricht meine Bewunderung: *Ich hab' dieselbe daheim, aber größer!* Da muß ich ihm sagen, daß ich es gegenüber Franz gemein finde, das gerade jetzt zu sagen. Heinz begreift sofort und wendet sich zu Franz: *Ich finde aber die kleine schöner.* Franz strahlt. Keiner hat sein Gesicht verloren.

Wenn ein Kind einem anderen weh getan hat, frage ich, ob es ihm leid tue. Fast immer heißt es: *Ja. — Dann sag es dem Jörg, dann kränkt er sich nicht mehr so sehr!* Und weil jedes Kind einmal die Erfahrung macht, daß nach der Entschuldigung der Schmerz nur noch halb so schlimm ist, sind sie bereit, diese Versöhnungsgeste zu übernehmen. Natürlich entschuldige ich mich auch, wenn ich etwas falsch gemacht habe.

Je mehr Einzelkinder es gibt und je weniger die Kinder die Möglichkeit haben, sich außerhalb der Wohnungen in Gruppen zusammenzufinden, desto wichtiger ist es, daß sie in der Klasse Gelegenheit bekommen, Freundschaften zu schließen. Und weil es hier auch Möglichkeiten gibt, Zuneigung oder

Ablehnung offen zu zeigen, bekomme ich immer wieder Stichworte für kleine Gespräche über das, was einen am Zusammensein mit anderen Menschen freut oder stört.

Wiewörter

Als erste Wortart untersuchen wir das Wiewort. Seine Leistung im Satz ist deutlich zu erkennen, da es Information liefert, die auch Kindern als nicht selbstverständlich oder als Präzisierung erkennbar ist.

Ich habe einen Stapel Blätter vorbereitet. Auf jedem steht unten ein Satz, z. B.: *Max ist groß.* Jedes Kind bekommt einen anderen Satz, zeichnet ein Bild dazu und hängt das Blatt auf. Gleich gibt es Wünsche: *Schreib mir mal: Daniel ist doof.* Daniel grinst und revanchiert sich: *Ich will: Emanuel ist faul.* Bei so ritualisiertem Austausch von Beschimpfungen ist niemand ernsthaft gekränkt, sie reden und lachen zusammen. Es gibt auch gegenseitige Komplimente, die strahlend aufgenommen werden. Später machen wir aus allen Blättern ein Buch.

Auf ein Blatt sind acht Fächer gezeichnet. In jedem steht ein Satz, z. B.: *Dieser Apfel ist groß!* In jedes Fach soll ein Apfel gezeichnet werden, immer so, wie es das im Wiewort im jeweiligen Satz vorschreibt. Besonders liebevoll wird der letzte Apfel gezeichnet, der winzig sein soll.

Im *Spielbaum* von *Spohn* finden wir Verse mit Wiewörtern: *Aus einem Haus schaut eine raus, sieht fröhlich aus: Aline.* Das klappert so weiter, Malvine ist traurig, Sabine fleißig . . . Die rotgedruckten Wörter sind Wiewörter. Wenn man sie beim Vorlesen ausläßt, erlischt für alle Kinder spürbar ein Teil der Aussage des Satzes. Wir setzen sie wieder ein und sehen, was die Sprache kann. Die Sätze sind immer bis auf zwei Wörter gleich, und doch entsteht mit jedem Satz ein anderes Bild. Ich schreibe die Verse auf ein Blatt, damit sie daheim noch einmal gelesen werden. Zu jedem Vers wird ein Bild gezeichnet.

Immer zwei Kinder führen vor, wie man einander widersprechen kann: *Ich glaube, das Tier ist groß! Im Gegenteil, es ist klein. Es ist dick. Im Gegenteil, es ist dünn.* Einer zeichnet dazu an der Tafel und entscheidet wortlos, wer recht haben soll mit seiner Behauptung.

Man lernt: Mit Wiewörtern kann man etwas genau beschreiben, es gibt sehr viele davon, manchmal gibt es mehr als eine Möglichkeit für das Gegenteil, manchmal gar keine. An der Tafel, dann auf Arbeitsblättern werden Wiewörter entgegengesetzter Aussage einander zugeordnet.

Als wir zu gegebenen Wiewörtern immer das Gegenteil suchen, entdecken die Kinder die Vorsilbe *un*-: gekämmt — ungekämmt, sauber — unsauber . . . Wenn das Wort mit *un*- nicht gebräuchlich ist, gibt es sehr fröhliches Gelächter.

Als Hausaufgabe gibt es Blätter mit Sätzen, in denen Wiewörter vorkommen. Es stehen immer zwei zur Auswahl da, das unpassende von beiden muß weggestrichen werden.

Sehr viel später erst werden die Kinder lernen müssen, aus Sätzen oder Geschichten Wiewörter herauszusuchen. Für eine solche Aufgabe braucht man bereits ein geschärftes Sprachbewußtsein.

Achte auf das Wiewort und zeichne!
Verschiedene Äpfel

Dieser Apfel ist groß.	Dieser Apfel ist klein.
Dieser Apfel ist verfault.	Dieser Apfel ist gelb.
Dieser Apfel ist rot.	Dieser Apfel ist fleckig.
Dieser Apfel ist grün.	Dieser Apfel ist winzig.

Wie heißt das Gegenteil?

groß	lang
kurz	dünn
schnell	weich
rund	klein
dick	langsam
scharf	eckig
hart	rauh
glatt	stumpf
schmal	tief
hoch	dumm
klug	breit

Welches Wiewort stimmt?
Aufgabe: Streiche das falsche Wiewort aus!

Äpfel sind grün. lila.

Das Rad am Auto ist eckig. rund.

Der Opa ist jünger älter als ich.

Der Baum hat grüne blaue Blätter.

Das Auto fährt schneller langsamer als der Roller.

Der Bleistift soll stumpf spitz sein.

Rosen sind manchmal weiß. schwarz.

Der Schnee ist warm. kalt.

Die Sonne scheint dunkel. hell.

Von 9 Aufgaben hast Du ☐ richtig gelöst.

Mülleimer ausleeren

Tisch decken

Bett machen

bügeln

saugen

einkaufen

waschen

kochen helfen

Muttertag

Die Mutter tut vielerlei. Auf einem Arbeitsblatt soll in einzelne Sätze immer das passende Tunwort eingefügt werden.

Den Muttertag können wir nicht übergehen. Wir nehmen ihn zum Anlaß, die oft interessanten und wichtigen Arbeiten und Geräte der Mutter näher zu betrachten und uns Gedanken darüber zu machen, ob in der eigenen Familie die Lasten eigentlich gerecht verteilt sind.

Und wie steht's mit Muttertagsgeschenken? *Wie wäre das: nur einmal im Jahr Kindertag bei euch daheim?* Zunächst überbieten sie sich gegenseitig mit dem Erfinden schrecklicher Zustände. Allmählich aber wird klar, daß es schäbig ist, sich am Muttertag von aller Verpflichtung zu Rücksicht und Hilfe freizukaufen.

Wir überlegen, was man öfter mal helfen kann. *Ich schreibe dir das Wort auf ein Blatt, du zeichnest ein Bild dazu, und wenn du noch etwas weißt, kleben wir die Bilder zusammen.* Es entstehen lange Leporellos mit Hilfsversprechen, für die Mutter zum Aufhängen.

Was die Mutter alles tut

Sie	___ den Boden blank.
Sie	___ die Betten.
Sie	___ , wenn sie fröhlich ist.
Sie	___ den Schmutz zusammen.
Sie	___ mich, wenn ich weine.
Sie	___ , wenn ich ungezogen war.
Sie	___ die Tische ab.
Sie	___ die Fenster.
Sie	___ auf dem Sofa und liest.
Sie	___ mit der Nachbarin.
Sie	___ das Essen.
Sie	___ das Geschirr.
Sie	___ sich, wenn sie Blumen bekommt.

freut	spricht	wischt	lacht	bohnert
schimpft	tröstet	spült	bezieht	putzt
kocht	sitzt	kehrt		

Staubsauger

Ein Staubsauger wird erprobt, ein defekter sogar von den Kindern zerlegt.

Wir sehen: Der Motor dreht eine Scheibe, da entsteht ein Wind, hinten bläst er heraus, und vorne wird die Luft angesogen.

Mal sehen, was so leicht ist, daß es mitgerissen werden kann! Manche Kinder möchten wetten. Dietmar ist leicht einmal abgelenkt. Wenn er aber selbst saugen kann, erwacht sein Interesse und bleibt auch bei der Sache.

Ein Blatt Papier ist leicht genug, um angesaugt zu werden, aber es verschwindet nicht im Rohr? Warum? Wenn wir abschalten, fällt es herunter. Warum? Ich brauche selbst kaum etwas zu erklären und nur dafür zu sorgen, daß jeder zu Wort kommen kann.

Plötzlich bleibt alles liegen. *Bestimmt ist das Rohr verstopft*. Wir zerlegen den Staubsauger und schauen genau nach. Das Rohr sollte hohl sein, jetzt ist es verstopft und muß durchgeblasen werden.

Es scheint, als habe der Staubsauger weggezaubert, was vorher am Boden lag. Aber wir finden alles, auch noch den kleinsten Fussel, im Sammelbehälter wieder.

Vor dem Behälter ist eine Ventilklappe, so fällt nichts zurück ins Rohr. Mit den Händen kann man nachmachen, wie sie funktioniert.
Wir machen Saug-Experimente mit dem Strohhalm. Auf einem Arbeitsblatt sind allerlei Dinge aufgeführt. *Was kannst du mit dem Strohhalm aufsaugen? Probiere und notiere!* Grieß, Mehl, Semmelbrösel, Corn-flakes, Bleistifte, Fäden . . .

In vielen Wörtern steckt das Wort *saugen*: Sauger, Säugling . . . Manchmal ist aus dem *au* ein *äu* geworden. Solche Zusammenhänge zu sehen und dadurch Rechtschreibfehler zu vermeiden, fällt vielen Kindern sehr schwer. Man muß sie immer wieder darauf aufmerksam machen.

Griff

Schalter

der Staubsauger

Stecker

Klemme

Kabel

Saugrohr

Saugbürste

Putzen

Wenn geputzt wird, gibt es meistens Schaum. Wir machen Experimente mit Schaum. Ich blase abwechselnd in zwei Becher mit unbekannten Flüssigkeiten. Nur die eine schäumt. Warum?

Gruppenweise wird untersucht: Schäumt klares Wasser, Wasser mit Essig, mit Öl, mit Spülmittel, mit Waschpulver, mit Ata, mit Seife?

Speiseöl wird in klares Wasser geschüttet und umgerührt: Gelbliche Tropfen drehen sich im Wirbel, vereinigen sich zu immer dickeren. Die Fettschicht schließt sich über der Wasseroberfläche. Das möchte man immer wieder beobachten.

Wir tun Spülmittel dazu und rühren abermals um: Das Fett wird in Tröpfchen zerteilt, die sich nicht wieder ver-

einigen. Alle schäumenden Putzmittel können das bewirken. Darum nehmen sie fettigen Schmutz besser weg als klares Wasser.

In Gruppenarbeit wird eine Tabelle ausgefüllt, die dann zeigt: Was schäumt, zerteilt auch das Öl.

Seit Monaten sind die Stühle und Tische in der Klasse nicht abgewischt worden. Sie kleben vor Schmutz. Also putzen wir sie selber.

Vorher schauen wir sie genau an und sammeln Wiewörter an der Tafel: schmutzig, dreckig, klebrig, staubig, verschmiert . . .

Wir besprechen den Arbeitsablauf beim Putzen, und schon geht's los. Es wird naß in der Klasse, aber das kann man ja aufwischen.

Anschließend sammeln wir neue Wiewörter: Tische und Stühle sind nun glänzend, sauber, blank . . . Dann schreibt jedes Kind die Wiewörter, die vermischt an der Tafel stehen, in zwei Spalten geordnet auf: vorher — nachher. Der Kontrollzettel ist ein Teil des Arbeitsblattes. Er wird umgeknickt und kaum einmal zum Spicken benutzt.

An der Tafel gemeinsam und dann noch einmal mit einem Arbeitsblatt daheim wird eine Geschichte geordnet, die beschreibt, wie wir die Tische geputzt haben. Man sieht, daß nicht nur die einzelnen Arbeiten, sondern auch ihr Nacheinander im Bericht wichtig sind.

| Das Putzmittel kommt ins Wasser. |
| Alle Tische und Stühle in unserer Klasse sind schmutzig. |
| Mit dem feuchten Lappen wird alles abgewischt. |
| Zum Schluß sind Tische und Stühle sauber. |
| Wir tauchen den Lappen hinein und drücken ihn etwas aus. |
| Dafür brauchen wir Wasser, Lappen und ein Putzmittel. |
| Wir wollen sie reinigen. |

Zerschneide das Blatt.
Ordne die Geschichte.
Klebe alle Sätze auf.

118

Papier

Papier ist alltäglichstes Material. Wir sammeln Namen von Papiersorten und schreiben sie.

Hausaufgabe: Schau dich daheim um, und zeichne alle Dinge aus Papier auf. — So zeigt sich die Vielseitigkeit des Materials.

Jedes Kind bekommt ein Stückchen Packpapier und Seidenpapier mit der Aufgabe, zu untersuchen und zu vergleichen. Das geht fast schon routiniert: schweben lassen, zwischen Fingerspitzen die Stärke prüfen, auf der Handfläche wägen, dagegen schnipsen und horchen, wedeln und horchen, Transparenz und Glätte und Reißfestigkeit prüfen, die Farbe benennen. Weitere Stücke werden ausgeteilt: Schreibpapier, Zeitungspapier, Küchenpapier, Silberpapier . . .; die Tafel füllt sich mit den Namen der Papierarten. Zu jedem werden die passenden Wiewörter notiert. Mit aufgespritzten Wassertropfen prüfen wir die Saugfähigkeit.

Kohlepapier ist für viele Kinder ein Abenteuer, besonders wenn plötzlich Spiegelschrift erscheint.

Ein Bogen voller Wiewörter wird ausgeteilt. *Schneide sie aus, und lege auf jedes Papierstück, das dazu paßt!* Man kann sich miteinander beraten, Fehler korrigieren.

Daheim sollen die Wiewörter dann aufgeklebt werden. Weil es zu viele sind, wird die Aufgabe zum Test: Wer hat genug Selbstvertrauen, mit einer Aufgabe in die Schule zu gehen, die nicht aufgegangen ist —?

Am nächsten Tag gibt's ein Blatt mit einer Tabelle: senkrecht 14 Papiersorten, waagerecht 10 Eigenschaften zum Ankreuzen. Die Aufgabe reizt die Kinder. Ich korrigiere sie nicht. Denn wichtiger als eventuelle Fehler ist der Versuch, sich im Gewirr der Zeilen

Papier

und Spalten zurechtzufinden und rasch
140 Aussagen zu machen. *Dieses
Papier ist glatt. Also kommt hier ein
Kreuzchen hin. Dies ist nicht glatt, das
Kästchen bleibt leer.*

Einen sehr alten Stummfilm über die
Herstellung von Zeitungspapier sehen
wir uns zweimal an. Wieder einmal
fällt mir auf, daß die Kinder einzelne,
nur kurz gezeigte Vorgänge im Film
genauer wahrnehmen als ich und daß
sie bei Stummfilmen intensiver hin-
schauen und mitdenken als bei Ton-
filmen.

Das Malen auf Papier von einer
Makulaturrolle wird nach dem Film
besonders genossen. Und mit Kaltleim
und Holzmehl versuchen wir, so
etwas wie Papier herzustellen. Es ist
aufregend, wie aus Leimkörnchen und
Wasser ein gallertiger Brei und
schließlich eine durchsichtige Haut
wird.

Tätigkeitswörter

Immer wieder gibt es als Leseübungen Blätter voller Behauptungen darüber, was ein bestimmter Mensch oder ein Tier alles tun kann. Da müssen dann die falschen Behauptungen gestrichen werden. Das ist immer zugleich eine intensive Begegnung mit einer vielgestaltigen Menge von Tätigkeits- oder Tunwörtern, wie wir sagen.

Wir spielen *Tunwörter erraten.* Ein Kind mimt eine Tätigkeit, die anderen versuchen, sie zu erkennen.

Als Hausaufgaben gibt es Blätter, bei denen in Lückensätze das jeweils passendste Tätigkeitswort eingefügt werden soll.

Zur Grundform von Tätigkeitswörtern werden die veränderten Formen ge-sucht. *Wie heißt es, wenn er dasselbe tut oder sie, du es tust oder ich es tue?* Wir schreiben die verschiedenen Formen miteinander auf. Den Kindern wird bewußt, daß sie sich nur die Grundform einprägen müssen, um auch die anderen Formen richtig schreiben zu können. Sie erkennen die Regelmäßigkeit der Endungen bei den handelnden Personen und können am Ende auch zu Beugungsformen eines Tätigkeitswortes die Grundform finden.

Der Elefant kann mich mit Wasser an=spritzen, einen Stuhl zertrampeln, singen, jodeln, mich reiten lassen, schön schreiben, mich reiten lassen, ein Bein hochheben, sich Wasser ins Maul spritzen, trinken, einen Kirchturm umwerfen, pfeifen, fressen, Limo trinken, Krach machen, trompeten, einen Pullover stricken, Schuhbänder zubinden, bügeln, kochen, seine Kinder liebhaben, einen Mann mit dem Rüssel hochheben, reden wie ein Mensch, Bäume ausreißen, fliegen wie ein Vogel, Gitarre spielen, den Menschen helfen, ein Auto schieben, schwimmen wie ein Fisch, sich rasieren, sich die Nase putzen, Steine heben.

Findest du die richtigen Tunwörter?

die Bienen ☐ die Mäuse ☐
die Bären ☐ die Löwen ☐
die Katzen ☐ die Störche ☐
die Pferde ☐ die Tauben ☐
die Affen ☐ die Hunde ☐
die Pfauen ☐ die Kinder ☐

Suche das passende Tunwort und schreibe seine Nummer in das Kästchen!

1 gurren 7 krächzen
2 pfeifen 8 knurren
3 summen 9 klappern
4 brummen 10 miauen
5 wiehern 11 keifen
6 lachen 12 brüllen

Was dieser kleine Mann doch alles tun kann!

Er sitzt auf dem Stuhl.
Er meldet sich in der Schule.
Er gießt seine Blumen.
Ganz schnell kann er laufen.
Er schaukelt sich hoch hinauf.
Sogar auf einem Bein hinken kann er.
Und er kann richtig schwimmen.
Sehr gerne liest er ein Buch.
Er gräbt seinen Garten um.
Das hat ihn durstig gemacht. Er trinkt etwas.
Morgens geht er wie du zur Schule.
Hier bückt er sich nach einer Blume.

Verbinde jeden Satz mit dem passenden Bild!

Von 12 Strichen hast du ☐ richtig gezogen.

Säen und pflanzen

Ich erzähle eine improvisierte Geschichte: *Ein Kind träumt von einem Garten voller Pflanzen und Blüten, zu schön, sie zu beschreiben. Aufgewacht, findet es ein Samenkorn, klein und schwarzbraun, und steckt es in die Erde. Was wird daraus werden? Zeichne deine Traumblume!* Auch Kinder, die sich sonst kein *richtiges* Bild zutrauen, beginnen rasch und sicher zu zeichnen, wenn so eindeutig ihre persönliche Vorstellung von einer Sache gefragt ist.

Daß aus oft so winzigen Samen ganze Pflanzen und Blumen und Bäume sich entwickeln, ist für die Kinder ein immer neues, noch nicht begriffenes Wunder.

Samen sehen so verschieden aus. Eine faszinierende Entdeckung. Wir legen eine Sammlung an in Plastikbeutelchen, die ans Fenster geklebt werden, damit man alles gut sieht.

Bei manchen Samen weiß man gleich, was daraus wachsen wird. Wir vergleichen Erbsen-, Bohnen-, Sonnenblumenkerne, Mohrrüben-, Kresse- und Radieschensamen. Sie werden auf ein Blatt gelegt, der Name wird dazugeschrieben, die künftige Pflanze entworfen.

Jedes Kind bekommt eine Plastik-schachtel mit Erde, sät Kresse ein, nimmt sie mit heim, gießt täglich, und schon nach zwei Tagen zeigen sich die ersten grünen Spitzen. In der Schule keimen auch Bohnen und Erbsen und sogar Tannensamen auf Watte.

Blumenkästen werden mit Erde ge-füllt. Jeder will helfen. Susanne meldet sich mit der einen Hand, mit der an-deren legt sie einen Finger auf den Mund: Sie demonstriert Bravsein, das belohnt sein will.

Radieschen und Möhren werden gesät, Bohnen und Erbsen eingesteckt. Täg-lich beobachten wir das Wachstum in den Kästen vor dem Fenster.

Gärtnerei

In der Gärtnerei werden Pflanzen gezogen und Schnittblumen. Bevor wir losgehen, heißt es: *Überleg, was du dort sehen möchtest, und schreibe es auf dein Notizblatt.* Auf demselben Blatt werden in der Gärtnerei dann die Beobachtungen aufgezeichnet: Gewächshäuser, Frühbeete, Blumen, viele gleiche Pflanzen beisammen . . .

Christine sagt energisch: *Ich zeichne jetzt nicht mehr. Ich kann doch jetzt schreiben. Wie heißt die Blume da?*

In der Gärtnerei arbeitet jedes Kind selbständig: schauen, fragen und zuhören, notieren. Jeder Erwachsene, der zufällig in der Nähe ist, wird um Auskunft gebeten.

Nachher sitzen wir auf der Wiese im Kreis und besprechen Fragen, die offenblieben. *Warum ist da soviel Glas? Warum ist es im Gewächshaus so warm? Und warum so feucht? Wo kommen die Blumen alle hin? — Was meinste denn, wo das Blumengeschäft bei uns an der Ecke die Blumen herhat?*

In der Schule pflanzen wir Begonien in Blumenkästen und dann noch vier

Kaktus
Termometer
Rosen
Tulpen
Fuchsen
Giranien
Pelagonien
Begonien
Tropenpflansen
Klementine
Kakten

Wilder spiter
Lowenmaul
Gadiolen
Lilien
Flambana
cenntelial
Betunier
Magariten
Pantofelblume
ATZise

einzelle in Blumentöpfe. *Ich habe euch gesagt, eine Blume brauche Licht, Luft und Wasser, um zu gedeihen. Stimmt das denn? Können wir das untersuchen?* Ganz selbstverständlich entwerfen die Kinder miteinander eine systematische Versuchsreihe: Begonie 1 aufs Fensterbrett, täglich gießen. Nr. 2 daneben, nicht gießen. Nr. 3 stellen wir in den Klassenschrank, gießen aber täglich. Nr. 4 kommt vors Fenster und wird auch immer gegossen. Zettel werden geschrieben und dazugeklebt.

Einige Kinder kontrollieren die Pflanzen jeden Tag und machen uns auf Unterschiede in der Entwicklung aufmerksam. Nach drei Wochen erklärt Renate noch einmal, was mit den ursprünglich fast gleichen Pflanzen geschehen ist.

125

Zähne

Ein Zahn beginnt zu wackeln, wackelt immer stärker, fällt schließlich heraus.

Ein neuer Zahn wächst in der Lücke. Der Zahnarzt bohrt, und aus schwachen Schmerzen werden starke. Ringsum lauern fremde, bedrohliche Apparate.

Das sind zentrale Erlebnisse für Sechsjährige, die nach Aufklärung verlangen. Wissen ist Macht auch über den eigenen Körper und ein Zaubermittel gegen die Angst vor Verletzung und Zerfall. Darum sind Zähne ein ideales Thema für die Schule.

Kaum ist der Milchzahn herausgefallen, ist der neue Zahn schon zu sehen. Hat er denn den alten herausgestoßen? Dann müßte die Wurzel noch am Milchzahn dran und dieser überhaupt länger sein. Oder hat ein Milchzahn etwa keine Wurzel? — Ursprünglich hat er sehr wohl eine, aber wenn er ausfällt, ist sie nicht mehr da.

Mit Kreide und Lappen illustriere ich an der Tafel die dramatische Schilderung von der Resorption der Milchzahnwurzel durch den darunter wachsenden zweiten Zahn. *Schließlich hat der Milchzahn keinen Halt mehr im Kiefer und fällt heraus. Fühl mal bei dir, ob einer wackelt, weil seine Wurzel schon kürzer geworden ist!* — Jetzt versteht man, warum die rausgefallenen Milchzähne so angefressen aussehen.

An der Tafel ein Zahn im Längsschnitt: Zahnmark, Zahnbein, Zahnschmelz. Mit roter Kreide frißt sich die Karies hinein, nähert sich dem Nerv. *„Wenn du regelmäßig zum Zahnarzt gehst, entdeckt er die Löcher, wenn sie noch ganz klein sind, und muß nicht so nah am Nerv bohren. Nah am Nerv tut's sehr weh.* Wenn man das so sieht, kann man begreifen, daß Zahnweh durch Warten nie besser wird, weil Löcher mit der Zeit größer werden, und ist eher bereit, sich regelmäßig untersuchen zu lassen.

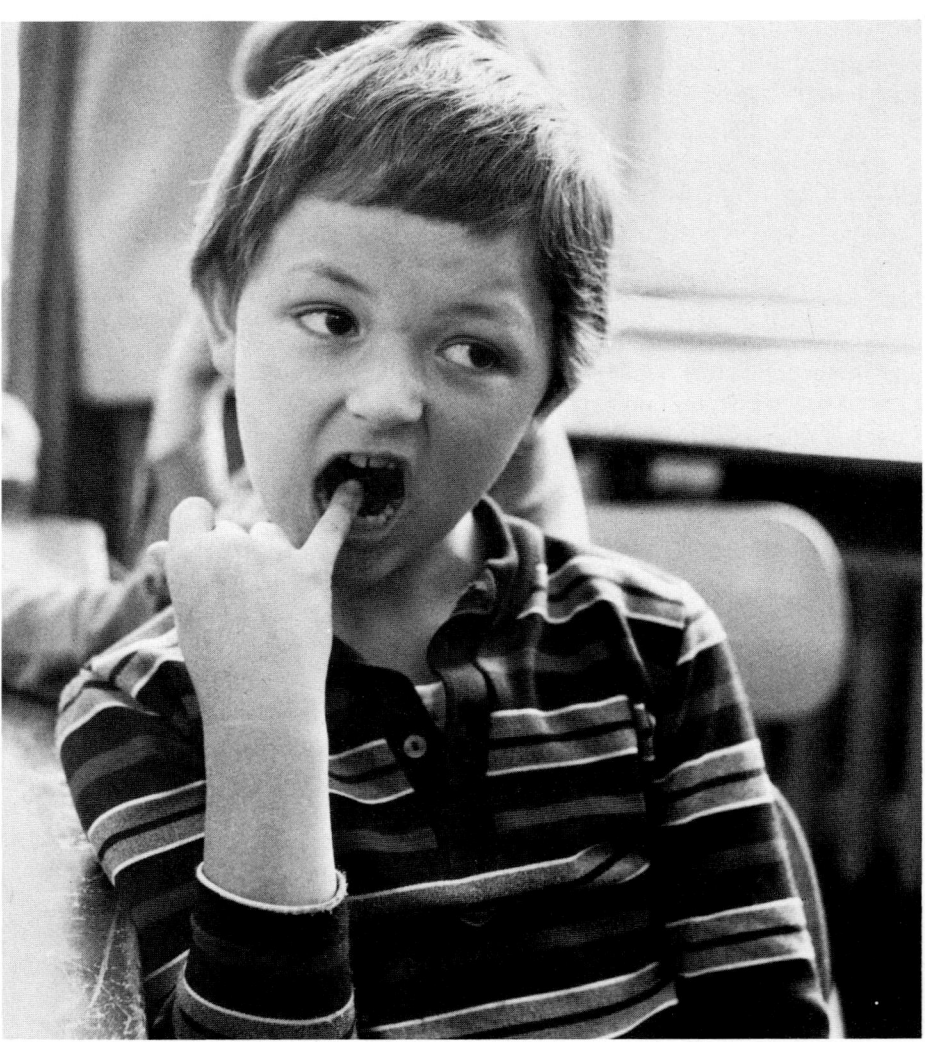

Ein Milchzahn wird abgelöst

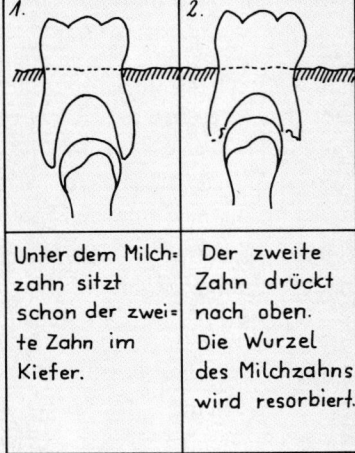

1.	2.

Unter dem Milch= zahn sitzt schon der zwei= te Zahn im Kiefer.

Der zweite Zahn drückt nach oben. Die Wurzel des Milchzahns wird resorbiert.

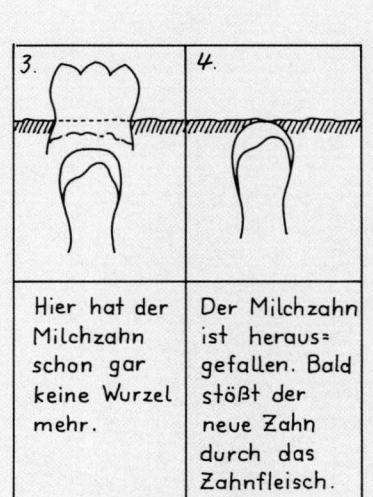

3.	4.

Hier hat der Milchzahn schon gar keine Wurzel mehr.

Der Milchzahn ist heraus= gefallen. Bald stößt der neue Zahn durch das Zahnfleisch.

Karies zerstört die Zähne

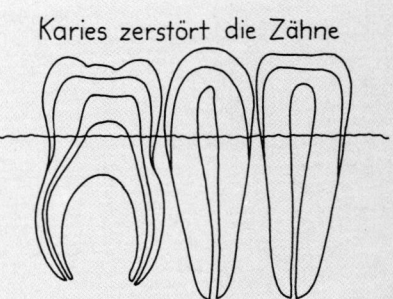

Die Karies zerstört zuerst den Zahnschmelz. Das tut noch nicht weh. Wenn du nicht zum Zahnarzt gehst und das Loch im Schmelz füllen läßt, zerstört die Karies auch das Zahnbein. Dann hast du leichte Schmerzen.
Wenn die Karies ins Zahnmark vordringt, hast du starke Schmerzen. Auch das Bohren tut dann sehr weh. – Geh regel= mäßig zum Zahnarzt bevor es weh tut!

Male an: Zahnschmelz = weiß, Zahnbein = gelb, Zahnmark mit roten Adern, Kariesschäden.

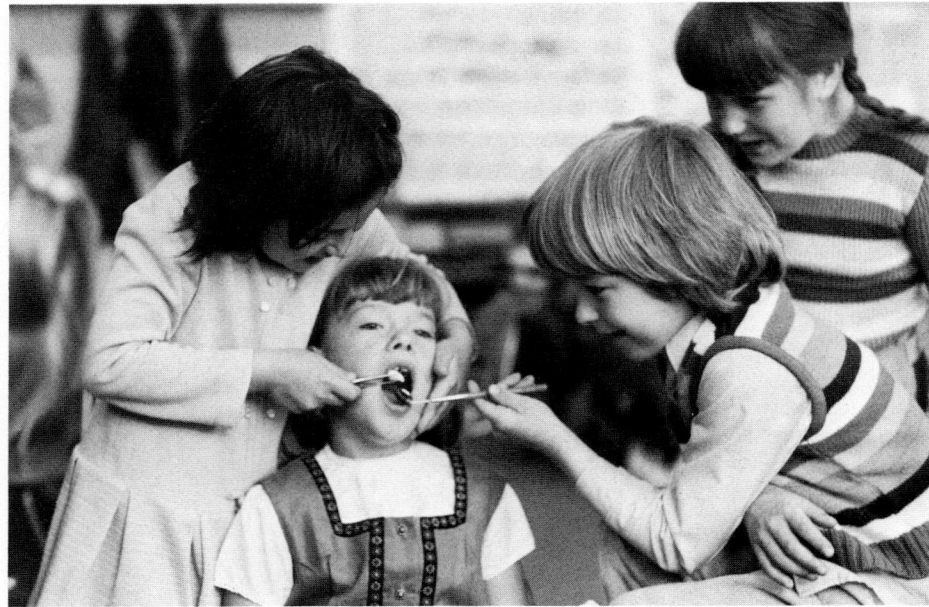

Ein freundlicher Zahnarzt hat uns gezogene Zähne mit Löchern oder Plomben, Röntgenbilder, einen Gebißabdruck, Zahnspiegel und -sonden und sogar einen Schädel mit einem vollständigen Gebiß für ein paar Tage geliehen. Alles kann man anfassen, untersuchen, ausprobieren. So verliert man die Angst davor.

Der Film *Aufbau und Entwicklung der Zähne* zeigt u. a., wie man durch sorgfältiges Zähneputzen der Karies vorbeugt. Am nächsten Morgen haben viele Pullis weiße Zahncremespritzer: *Genauso wie im Film mach' ich es jetzt!*

Zähneputzen in der Schule erzieht unmerklich, weil für die Kinder der gemeinsame Spaß im Vordergrund steht: gründlich bürsten, Schaum im Mund, spülen und zusammen in die Schüssel spucken, Gurgelversuche und ersticktes Lachen. *Riech mal meinen Atem, ganz frisch!*

Beiläufig ein Gespräch über den Unsinn der Werbung, die verspricht, allein der Gebrauch einer bestimmten Zahncreme könne die Zähne schon gesund erhalten.

Wir untersuchen das Milchgebiß: vier Schneidezähne nebeneinander, links und rechts je ein spitzer Eckzahn und zwei Backenzähne. Beim Formen mit Plastilin werden die Vorstellungen geklärt, gefestigt.

Zeichne, wie du lachst, so daß man die Zähne sieht und auch die Lücken! Mit Wachsmalstiften auf Packpapier gibt Emanuel seinem Gesicht einen Bart. Bald sieht man auf allen Bogen ringsum Räubergesichter.

129

Jasminblüten

Am Schultor blüht ein Jasminbusch. Jede Blüte ist klar gegliedert: vier spitze grüne Hüllblätter, vier weiße runde Blütenblätter, viele gelbe Knoten auf langen Stielen. *Was ist denn das?* — *Tupf mal dran! Am Finger bleibt gelber Staub: Staubgefäße.*

Wenn man genau hinschaut, kann man an diesen Blüten alles selbst entdecken. Neben den Blüten finden sich Knospen. *Wie wird aus einer Knospe eine Blüte?* Die Hüllblätter öffnen sich, die Blütenblätter werden sichtbar und entfalten sich. Andreas und Barbara spielen es mit ihren Händen vor.

Wir suchen am Jasminstrauch im Hof eine ganze Entwicklungsreihe von der Knospe bis zur Blüte zusammen.

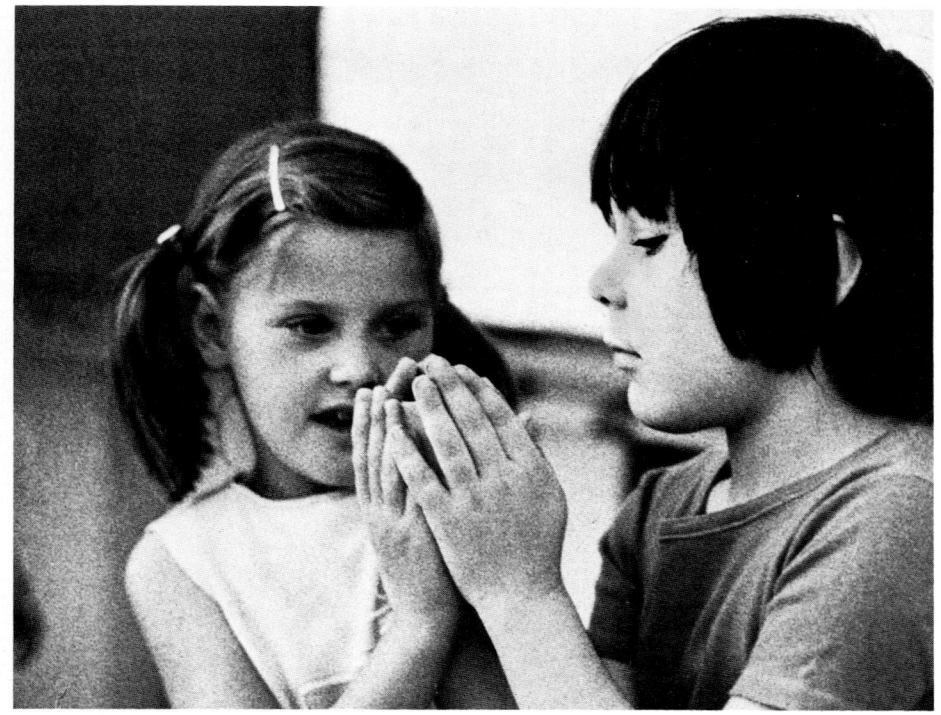

Aus Plastilinklumpen, weißem und grünem Karton und gelben Plastilinklümpchen auf Streichhölzern bauen die Kinder je zu dritt ein Modell der Blüte. Martin macht gleich noch ein Knospenmodell. *Die offene Blüte ist schöner, aber die Knospe ist geheimnisvoller.*

Jasminblüten duften. Es gibt auch Jasminparfüm.

Gerüche

Jasminblüten kann man am Geruch erkennen. Viele Dinge haben einen eigenen Geruch. *Riecht Zucker eigentlich oder Salz? Die Kinder wundern sich, daß sie die Frage nicht beantworten können.*

Jede Gruppe bekommt eine andere Riechaufgabe auf einem großen Blatt, z. B. steht da untereinander: Hände, Aquariumwasser, Vorhänge, Schwamm, trockene Kreide, nasse Kreide, Pausenbrot. *Haben diese Dinge einen ausgeprägten Geruch? Tragt in die erste Spalte hinter jedem Ding eure Vermutung ein mit Ja oder Nein, überprüft sie dann, riecht an den Dingen, und schreibt in die zweite Spalte den Befund!* Man sieht, was es heißt, nicht vorschnell zu urteilen, sich selbst zu informieren.

Die großen Bögen werden an der Tafel aufgehängt, und die Gruppen berichten. *Komisch, daß wir so viele Sachen nicht gewußt haben!*

Eine Hausaufgabe für die Nase: In eine Liste mit neunzehn alltäglichen Dingen werden Vermutungen eingetragen: *Hat Leitungswasser einen ausgeprägten Geruch?* Daheim werden die Vermutungen dann überprüft und mit dem Befund verglichen.

Jedes Kind bekommt zwei Papiertaschentücher: *Sind sie gleich?* — Sie sind gleich weich und weiß und saugfähig, aber das eine riecht nach Menthol.

Zitrone, Pfefferminze, Kamille, Vanille haben ihren eigenen Geruch. Aber es gibt auch Schampoo mit Zitronenund Kaugummi mit Pfefferminzgeruch. Die nacheinander ausgeteilten Proben werden beschnuppert und entsprechend ihrem Geruch geordnet.

Wir hängen ein Regal auf mit Schraubdeckelgläsern, die etwas Schuhcreme, Pfeffer, Honig . . . enthalten, was sich so im Haushalt an Riechbarem findet. Gerüche raten ist aufregend. Die Kinder geraten dabei immer rasch an die Grenze des Tumults.

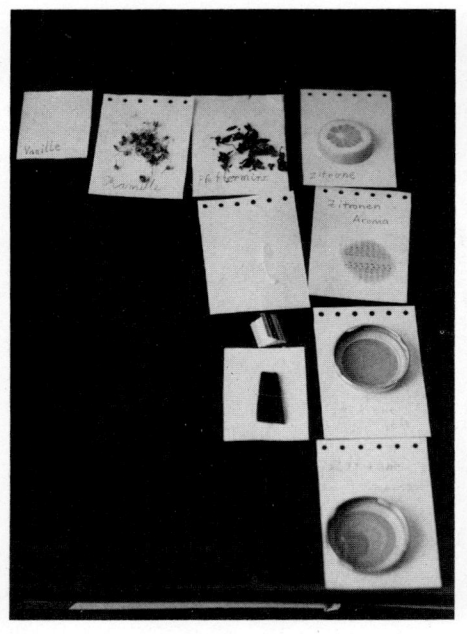

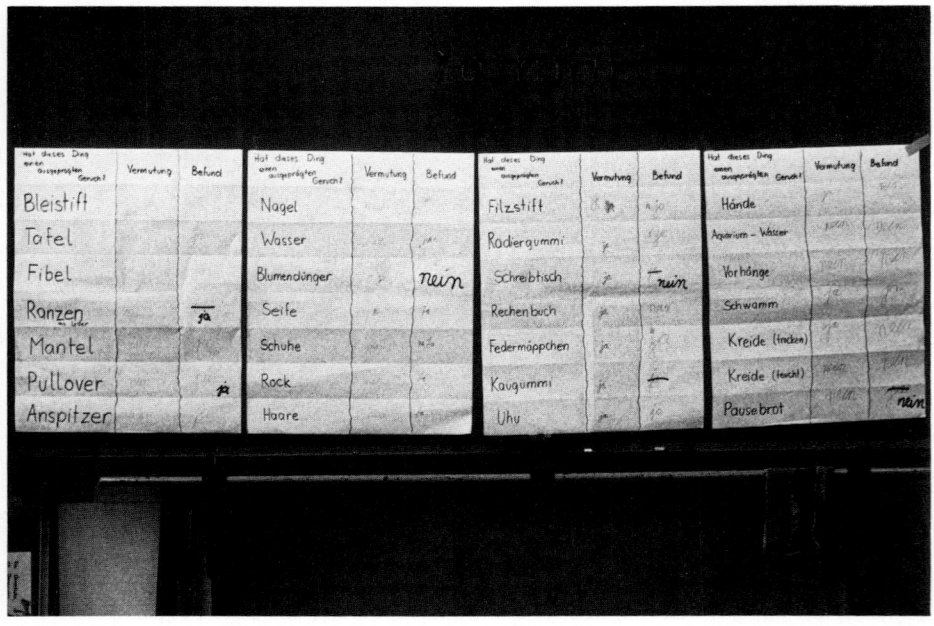

Wie kommt der Geruch von Essig in meine Nase? Ich blase über das offene Glas in das Gesicht des Kindes, das gefragt hat. *Ach — mit der Luft! Halte mal dieses Cellophan vor dein Gesicht!* Ich blase wieder, aber kein Geruch kommt an. *Jetzt rieche ich nichts, weil die Luft aus dem Glas nicht an mein Gesicht kann.*

Ein Versuch: Zwiebel und Brot in einem Kasten. Bald riecht das Brot wie die Zwiebel. Ist die aber luftdicht eingewickelt, hat das Brot auch nach Tagen noch keinen Zwiebelgeruch.

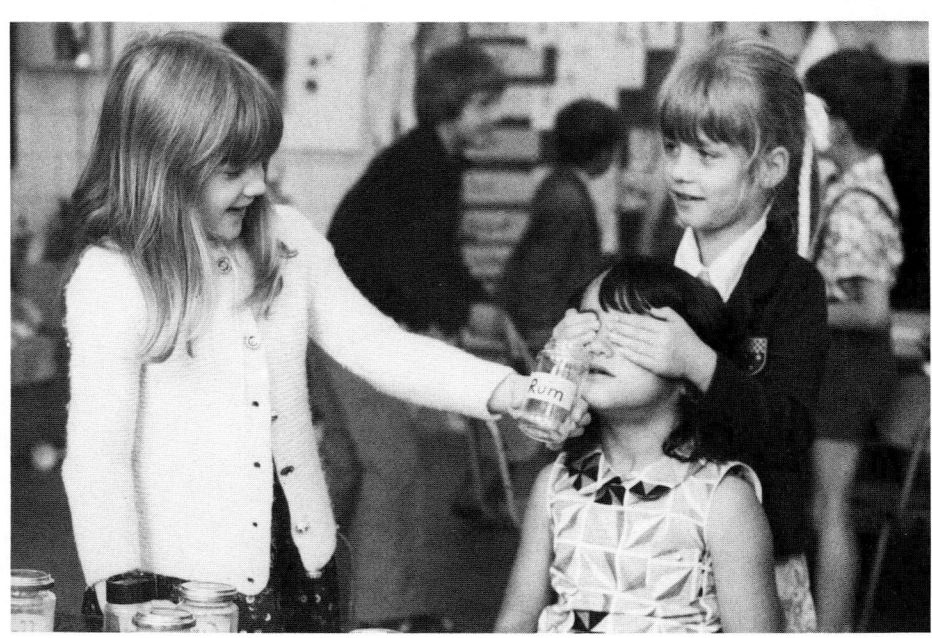

Selbständig lernen

Die Bilder im alten Kinderduden sind poetischer als die modernen in der Ausgabe, die die Kinder haben. Aus zwei alten Duden habe ich ein sehr beliebtes Lesespiel gemacht, mit dem die Kinder selbständig ihren Wortschatz erweitern können, weil auch wenig gebräuchliche Ausdrücke vorkommen. Auf einem großen Karton klebt das Bild mit den Ziffern und gibt es numerierte Plätze für alle Gegenstandsbezeichnungen. Die Wörter stehen in lateinischer Schrift auf Streifen, sind mit Folie bezogen und werden in Döschen aufbewahrt. Die Aufgabe versteht sich von selbst: Das Fieberthermometer hat die Nr. 12, als muß das Wort *Fieberthermometer* zu Nr. 12 gelegt werden. Jedes Kind prüft seine Arbeit mit einer Kontrollkarte. Bild, Döschen, Wortstreifen und Kontrollkarte sind zueinander passend numeriert. Mir bleibt nur noch die Aufgabe, unbekannte Wortbedeutungen klären zu helfen.

Die *Zaubersteinkarten* lösen immer wieder Sammelwut aus. Oben steht ein *Zauberstein,* und darunter stehen lauter Wörter, in denen er vorkommt. Die Buchstaben des Zaubersteins sind ersetzt durch Striche. Alle Wörter sollen richtig aufgeschrieben werden. Fehler kommen kaum vor, und die selbständige Arbeit mit diesen Karten, die man untereinander austauschen kann, macht den Kindern sehr viel Spaß.

Schreibt man *Hund* oder *Hunt, lang* oder *lank*? Eine Hilfsregel — wie: Es heißt *Hund*e und darum auch *Hund*; es heißt eine *lang*e Straße und darum auch *lang* — können sich viele Kinder nur mühsam aneignen, darum üben wir ihre Anwendung immer wieder. Ich gebe etwa ein Blatt aus, auf dem solche Fälle stehen: *ein Hun. . ., viele Hun. . .de, der Faden ist lang. . ., ein lan. . .er Faden . . .* Ein Blatt mit zwanzig Beispielen erlaubt konzen-

trierte Übung ohne Belastung durch allzuviel Schreiben, das die Ungeschickten immer besonders hemmt und am unbefangenen Begreifen der Regel hindert.

Großbuchstaben kommen selten vor und sind sich teilweise sehr ähnlich, manche Kinder benutzen sie lange Zeit nur unsicher. Außerdem stehen sie am Anfang eines Wortes, was zusätzlich Hemmungen verursacht.

Gründe genug, sie besonders zu üben, zum Beispiel mit Arbeitsbögen, auf denen vierzig Wörter in lateinischer Schrift stehen, alles Hauptwörter, immer fehlt der erste Buchstabe, er soll eingesetzt werden. Fest steht, welche Buchstaben in Frage kommen, z. B. *L* oder *S.* Man spricht sich leise vor: *Laft—Saft? Also das muß Saft heißen!* So werden *R—B, T—F, R—P, N—M, U—V* und als besonders

schwierig *T—D, P—B, K—G* ge-übt.

Solche Aufgaben korrigieren die Kinder am besten miteinander ohne meine Autorität. Ähnlich kann man auch Kleinbuchstaben üben, die optisch oder akustisch schwer zu unterscheiden sind: *m—n, b—d, h—k, g—k, b—p, d—t.*

Ein eigenes Kapitel sind die Wörter mit *Sp, St, sp* und *st.* Nur wer beim Schreiben gelassen sein kann, wird sich immer wieder daran erinnern, daß man zwar Schtock spricht aber Stock schreibt. Die notwendige Gelassenheit gewinnen unsichere Kinder, wenn sie häufig Gelegenheit bekommen, die Regel anzuwenden, ohne daß Fehler angekreidet werden.

Doppelbuchstaben, immer wieder Stolpersteine beim Rechtschreiben, fallen fast keinem Kind spontan auf. Ich versuche, sie gleich positiv besetzt in die Aufmerksamkeit zu schieben, erzähle eine Zwillingsgeschichte und hänge ein Foto von Zwillingen auf. Kinder suchen in ihrem Duden Zwillingsbuchstaben, und wir hängen alle

möglichen Doppelbuchstaben zu dem Foto von den Zwillingen. Dann zeichnen die Kinder z. B. Zwillingsritter und Zwillingsindianer oder Zwillingsgespenster. Wir lassen sie lange hängen, vor den Sprachlehrestunden sehen wir sie jedesmal an. Dann sind die nächsten Aufgaben leichter zu bewältigen:

Wie trennt man zweisilbige Wörter mit Zwillingsbuchstaben? Wie erkennt man, daß ein Wort einsilbig ist? Wie trennt man Wörter mit *ck*?

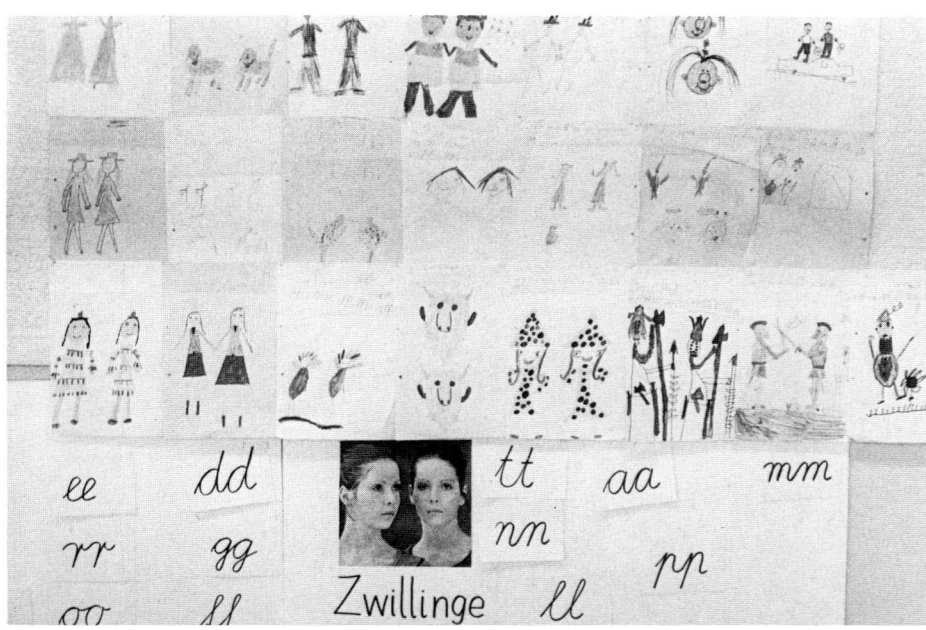

135

Nudeln kochen

Aus einem Nudelteig werden sehr verschiedene Nudeln geformt. Die Unterschiede kann man beschreiben, wenn man die verschiedenen Sorten in der Hand hat. Und man kann aus Buchstabennudeln seinen Namen legen.

Während Sternchen, Makkaroni, Bandnudeln, Spaghetti, Buchstabennudeln und Muscheln kochen, üben wir, ihre Namen zu schreiben.

Die vermischt gekochten Nudeln werden löffelweise verteilt, wieder sortiert, und dann wird immer neben eine rohe Nudel eine gekochte derselben Sorte gelegt.

Die Veränderung durchs Kochen ist höchst eindrucksvoll und drängt zum Sprechen. Wir sammeln die charakteristischen Wiewörter an der Tafel. Nachher gibt es ein Arbeitsblatt, da sollen sie eingetragen werden unter *gekocht* und *ungekocht*. Schließlich enthalten die Spalten verschieden viele Wörter, und einige Zeilen sind leergeblieben. *Ob das richtig ist?* Das ist eine Prüfung fürs Selbstvertrauen. Außerhalb der Schule geht ja auch nicht immer alles auf.

Warum sind die Nudeln jetzt so dick? Thomas meint: *Weil da jetzt Wasser drin ist.* Am nächsten Tag soll diese Behauptung geprüft werden.

Ein Becher Wasser wird erhitzt. 20 Gramm Nudeln werden auf der Briefwaage abgewogen und in der Glasschüssel gekocht. *Was nun weiter?*

— *Wenn wir die Nudeln jetzt wieder wiegen, müssen sie schwerer geworden sein.* Stimmt, sie wiegen jetzt 50 Gramm. *Und das Wasser muß weniger sein.* Auch das stimmt. Ein wenig ist verdampft, das meiste aber ist in den Nudeln. Nebenbei ergibt sich eine Erklärung für eine andere Frage vom Vortag. Die Nudeln werden beim Kochen heller, weil ein Teil ihrer gelben Farbe sich im Wasser löst.

Zucker auflösen

Wenn man Streuzucker in der elektrischen Kaffeemühle mahlt, verändert er sich auffällig, wird Puderzucker, ganz weiß und viel mehr.

Wir wiegen 50 Gramm Zucker ab, eine kleine Schachtel ist halb voll. Er wird gemahlen und wieder eingefüllt: *Jetzt ist die Schachtel übervoll. — Und wieviel wiegt das jetzt?* Es sind wieder 50 Gramm, und daraus ergeben sich viele Fragen.

Außer Streu- und Puderzucker haben wir noch Würfelzucker und Kandis. *Wenn wir nun von jeder Sorte etwas ins Wasser tun und umrühren — welche Sorte wird dann zuerst aufgelöst sein?* Man einigt sich auf die Reihenfolge: Puder-, Streu-, Kandis-, Würfelzucker.

Das folgende Experiment wird richtig spannend, alle Kinder sind lebhaft beteiligt: feuern an und wetten und diskutieren, warum doch der Kandis am allerlängsten braucht.

Jetzt darf genascht werden: Wir lutschen um die Wette und stoppen für jede Zuckersorte die Lösungszeit. Das ist Wiederholung und Prüfung des Experiments und eine ganz sinnliche Erfahrung. Der Kandis ist kaum kleinzukriegen und wird in der Pause weitergelutscht.

Es kommt bei solchen Experimenten nicht darauf an, bestimmte Erkenntnisse einzuprägen. Fragen sollen angeregt werden, Beobachtungen im Alltag, eigene Versuche mit dem, was man täglich in die Hände bekommt. Darum lege ich die Kinder nie auf eine gemeinsame, exakte Formulierung der Zusammenhänge fest.

Socken waschen

Manche Kleidungsstücke muß man reinigen, die meisten kann man waschen, manche lassen dabei Farbe aus. Geschichten von verfärbter Wäsche will fast jedes Kind erzählen. Stefan wird das zuviel: *Meine Mutter tut immer weiße und bunte Wäsche zusammen in die Waschmaschine, und nichts verfärbt sich!* — Ein Anlaß für Erörterungen über Wäsche aus Wolle, Baumwolle, Kunstfaser, über Wascharten und Farbechtheit.

Mal selbst Socken waschen, gruppenweise in einer Schüssel! Aus Wasser und Waschpulver wird Lauge. Man muß die Socken einweichen, reiben, oft spülen, auswringen, schleudern, aufhängen.

Ein Versuch zuvor: Ein Radiergummi, am Bindfaden herumgeschleudert, bewegt sich im Kreis und zieht nach außen, als wolle er fortfliegen, weg von der Kreismitte. Die Perlen am improvisierten Kettenkarussell streben auch fort von der Mitte. Eine Plastiktüte mit Löchern, drinnen die nassen Socken, auf dem Hof herumgewirbelt: Wassertropfen werden fortgeschleudert und die Socken etwas trockener.

Ein Spiel in der Pause: Figurenschleudern. Eine Übung in der Turnstunde: Schleuderball werfen. Immer wieder spürt man, wie die Zentrifugalkraft wirkt, auch wenn man sie noch nicht benennen kann.

Schleudert man eine Kugel am Gummiband herum, kann man sehen, wie das Gummi sich dehnt.

Ich wasche meine Socken

Aus Wasser und Seifenpulver mache ich Waschlauge in einer Schüssel. Darin weiche ich die Socken ein.
Ich drücke und reibe sie in der Lauge.
Wenn die Socken sauber geworden sind, spüle ich sie in frischem Wasser. Ich wechsle es so oft, bis es klar bleibt.
Dann wringe ich die Socken aus. In der Schleuder wird soviel Wasser aus ihnen herausgewirbelt, daß sie danach schon fast trocken sind.
Sie werden aufgehängt und die restliche Feuchtigkeit verdunstet. Bald sind sie ganz trocken.

Waschmaschinen und Trockner

Ich bringe einen Korb voll schmutziger Wäsche mit. Den tragen wir in einen Waschsalon. Da kann man die Wäsche in den Maschinen beobachten und den ganzen Waschvorgang genau verfolgen. Und die Kinder dürfen alles Notwendige selbst tun: Wäsche einfüllen, Waschpulver dazutun, Münzen einwerfen, Wäsche in Schleuder und Trockner umfüllen.

Daß strömende Luft und Wärme die Verdunstung von Wasser beschleunigen, haben wir in einem Experiment mit Fächer, Heizplatte, Fön und nasser Tafel schon herausgefunden. Dasselbe Prinzip erkennen wir nun im Trockner wieder.

Zwischen den Waschgängen kann man den anderen Kunden zusehen, die Heißmangel beobachten, draußen Seifenblasen machen oder auszurechnen versuchen, ob eine eigene Waschmaschine günstiger ist als der regelmäßige Besuch im Waschsalon.

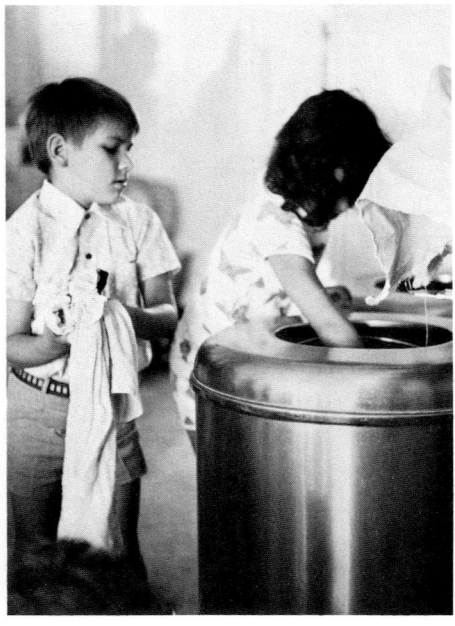

Am nächsten Tag noch einmal das Thema *Wäsche trocknen:* Zwei Taschentücher, eins grün, das andere lilakariert, sonst aber ganz gleich, werden feucht an eine Leine ins Fenster gehängt, das grüne ausgebreitet, das lila zusammengefaltet. Wolfgang vermutet gleich: *Das grüne wird bestimmt schneller trocknen, weil da die Luft besser hinkann.* Nach einer Stunde zeigt sich, daß er recht hatte. Alle wollen die Tücher mal anfassen.

Wenn jetzt einer kommt und sagt, das läge an der Farbe, Grün trockne eben schneller . . . Im Handumdrehen schlagen sie Versuche zum Gegenbeweis vor:

1. Den Versuch wiederholen, diesmal aber das grüne Tuch zusammenfalten und das lila ausbreiten. 2. Zwei grüne nehmen und eins zusammenfalten. 3. Beide gleich aufhängen, das lila und das grüne.

Soviel Umsicht beim Entwurf eines systematischen Versuchs hatte ich nicht erwartet, mir selbst war nur eine Möglichkeit eingefallen.

Wortarten erkennen

Wortarten zu unterscheiden üben wir immer wieder mit Tabellen, in denen für jedes Wort nur die Wortart angekreuzt werden muß. Am schwierigsten ist es, Tunwörter und Wiewörter voneinander zu trennen. Dem Sprachgefühl der Kinder entspricht es, *schnell* als Tunwort und *sitzen* als Wiewort zu bezeichnen, wohl weil in *schnell* Aktion ist, in *sitzen* aber nicht.

Die Anwendung der Großschreibregeln üben wir mit Arbeitstexten, bei denen für jedes kritische Wort zwei Anfangsbuchstaben angeboten werden. Beispiel:

     D   A   F   S
  as uto ährt chnell.
     d   a   f   s

Der richtige Buchstabe wird mit einem Strich an das Wort geknüpft, der falsche ignoriert. So kann sich auch bei Fehlern kein falsches Wortbild einprägen, und diese Blätter sind schnell und eindeutig zu korrigieren.

Wir lesen Bilder: Das sind Kinder, das ist ein Garten, zusammen gibt's einen Kindergarten. Für die Kinder ist das Rätselraten, im Lehrplan Sprachlehre. Daheim zeichnen sie Bilder dazu.

Falsch zusammengesetzte Namenwörter auseinanderzuschneiden und wieder richtig zusammenzusetzen ist ebenfalls eine Hausaufgabe, die jedes Kind selbständig machen kann.

Im Sachunterricht brauchen wir für die zusammenfassende Arbeit an der Tafel zahlreiche Begriffe, vor allem Namen, Tätigkeits- und Wiewörter. Ich schreibe sie auf Zettel, die mit Tesafilm an die Tafel geheftet werden

und dann auch an der Wand am Ölsockel neben der Tafel hängen können. Dort sammelt sich so ein Vorrat an Wörtern, mit denen wir immer wieder neue Übungen erfinden, damit jedes Kind schließlich sicher die drei Wortarten unterscheiden und auch in größeren sprachlichen Zusammenhängen wiedererkennen kann.

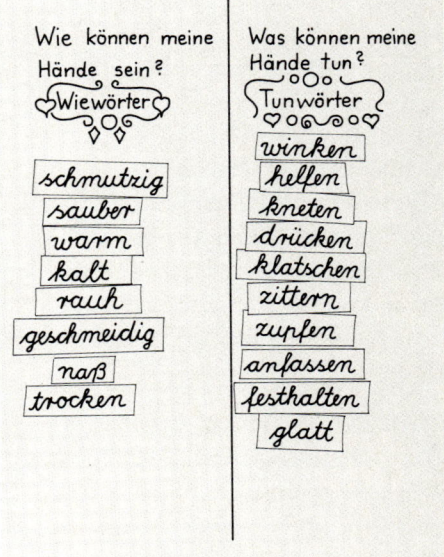

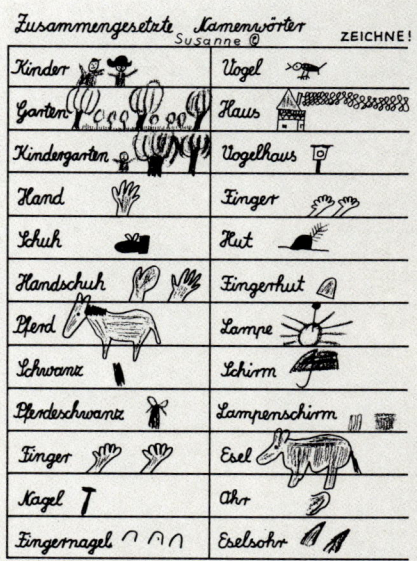

141

Was schwimmt?

Julihitze, Badezeit. Es gibt keine Hausaufgaben, man kann ohne Ranzen in die Schule gehen, weil alles Notwendige dort bleibt. Die Arbeit in der Schule bekommt einen Geruch von Ferien.

Morgen probieren wir auf dem Schulhof in den Schüsseln aus, was schwimmen kann. Bringt eine Badehose mit, damit ihr richtig pritscheln könnt.

Einer hat die Badehose morgens schon drunter, verkündet es strahlend, und alle ziehen sich schon mal um. Als die Pause beginnt, will Sevim nur in der Badehose raus und wird gleich nachgeahmt. In der nächsten Stunde sitzen alle mit der Badehose in der Klasse und sind sehr vergnügt. Schließlich geht es los: Wir sammeln eine Schüssel voll mit Dingen für die Schwimmprobe und überlegen, wie sie jeweils ausgehen wird. Es gibt Meinungsverschiedenheiten. Man wird sehen!

Der Pritschelspaß auf dem Hof ist überwältigend. Am nächsten Tag stellt sich heraus, daß nicht alle Fragen geklärt wurden. Manche gerieten in der Aufregung in Vergessenheit.

Als in einem Arbeitsblatt Vermutungen über die Schwimmfähigkeit der angeführten Dinge eingetragen werden sollen, meint Thomas: *Wieso Vermutungen? Das weiß ich doch!* Nachher, als wir alles im Glashafen gut sichtbar noch einmal probieren, wird Thomas merken, daß er sich in zwei Fällen geirrt hat. *Dann hab' ich wohl nicht genau beobachtet.*

Plastilin schwimmt nicht. Ich behaupte, ich könne zaubern und machen, daß es doch schwimmt. Sie glauben es nicht, aber ich bleibe dabei, und der Zweifel wächst.

Bis einer fordert: *Dann zeig es doch mal!* — *Also gut: Hokus, pokus . . .* Geraune und großes Getue. Stefan läßt den Plastilinklumpen los, und er

sinkt wie vorhin auch. Stefan holt ihn
halb enttäuscht, halb triumphierend
wieder heraus. Der Augenblick der
Verunsicherung wird fruchtbar in der
Erkenntnis: Angebern muß man den
Beweis abfordern für das, was sie
behaupten.

Die Stadt

Martin hat ein herunterhängendes Plakat vor der Schule vollends abgerissen und auf die Straße geworfen. Darum am nächsten Tag ein Gespräch: Wem dienen Plakate? Wer bezahlt sie? Wer räumt die Fetzen von der Straße? Und wem gehört überhaupt die Straße?

Es gibt Privates und Öffentliches. *Überlegt in der Gruppe, was ihr kennt: Was dir gehört oder mir und niemand sonst, ist privat. Öffentliche Einrichtungen werden von allen zusammen bezahlt, und jeder darf sie benutzen.*

Daß man vom verdienten Geld Steuern abgeben muß, empört die Kinder. Wir malen ein absurdes Bild aus: Jeder baut seine eigenen Straßen, schickt Briefe mit Kurier, läßt sich daheim operieren, hat einen eigenen Lehrer . . . *Steuern zu zahlen ist doch billiger!*

Sie fragen: *Woher kommen all die Sachen, die die Menschen in der Stadt brauchen?* Gemeinsam zeichnen wir die Wege nach: vom Schaf bis zum Pullover im Kaufhaus, von der Kuh auf der Wiese bis zur Milch im Laden, vom Baum zum Tisch . . . Auch wo das Schmutzwasser bleibt, wußten die meisten Kinder nicht, bis sie es vor ein paar Tagen im Fernsehen sahen.

Wolfgang war schon mal mit seinem Vater in der Kanalisation und erzählt davon. Im Spielschule-Film *Die Stadt* sehen wir alle die unterirdischen Röhren.

Wir sprechen über öffentliche Spielplätze und warum es so wenige davon gibt, über andere Spielorte, über lärmempfindliche Erwachsene und über Hausmeister. Viele Kinder sagen: *Unserer ist nett!* Aber manche berichten von Einschränkungen ihrer Bewegungsfreiheit im Haus und Hof, die sie gar nicht verstehen können.

Wir planen Ausflüge zu verschiedenen Spielplätzen in München. Einen Abenteuerspielplatz wollen sie wenigstens einmal gesehen haben, wenn sie schon nicht immer dort spielen können.

Als wir überlegen, welche Spielmöglichkeiten Dorfkinder haben im Gegensatz zu Stadtkindern, möchten fast alle sofort rausziehen. Es erscheint ihnen sehr ungerecht, daß wir nicht wenigstens hin und wieder einen Tag miteinander auf dem Land verbringen dürfen, weil's halt nicht erlaubt ist für die unteren Klassen, so weit fortzuziehen.

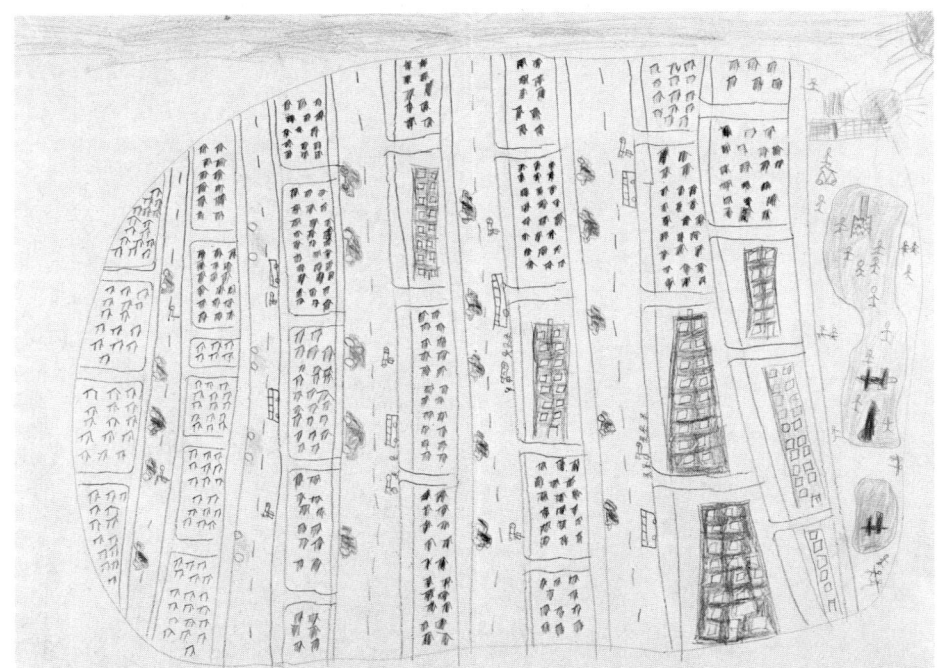

Verkehrsmittel

Eine Tafelskizze entsteht: eine Straße aus zwei Linien, Rechtecke daneben als Häuser; morgens müssen viele Menschen aus den Häusern zur Arbeit, dieser nimmt sein Auto und der und der, und bald ist die Straße verstopft. Weg mit den Autos!

Jetzt kommt ein Bus. Er hat viele Sitzplätze. Er wird gar nicht voll in dieser Straße, und die Straße bleibt fast leer. Er kann rasch fahren.

Auf dem Schulhof spielen wir das: Jeder malt ein Auto rings um seinen Stuhl. *Soviel Platz brauchen wir!* Dann rücken wir mit den Stühlen zum Bus zusammen und spielen Ein- und Aussteigen und Kurvenfahren.

An der Tafel ein Kreis: die Stadt. Eine gelbe Linie: Der Bus fährt herum, immer dieselbe Strecke, er fährt und fährt, bis die Kinder *anhalten!* rufen und erklären, ein Bus brauche doch Haltestellen. Und dann zeichnen einige Kinder die Haltestellen ohne weitere Erörterungen ein, ganz selbstverständlich in ziemlich regelmäßigen Abständen, hin und wieder sich gegenseitig verbessernd.

Ich erzähle eine Geschichte: *Ein Mann will pünktlich bei der Arbeit sein, fährt mit dem Bus dorthin, kommt aber immer zu früh oder zu spät und muß oft auf den Bus warten, oder der fährt ihm vor der Nase weg. — Er muß den Fahrplan studieren!* Wir sehen uns Busfahrpläne an.

Öffentliche Verkehrsmittel brauchen eine Linie, Haltestellen und einen Fahrplan, halten selten vor dem Haus, und manchmal muß man warten. Das sind Nachteile. Aber wenn die Straßen mit Privatwagen verstopft sind, müssen alle warten. Das leuchtet ein. *Und viele Autos machen mehr schädliche Abgase als ein Bus.* Die Kinder sind schon umweltbewußt.

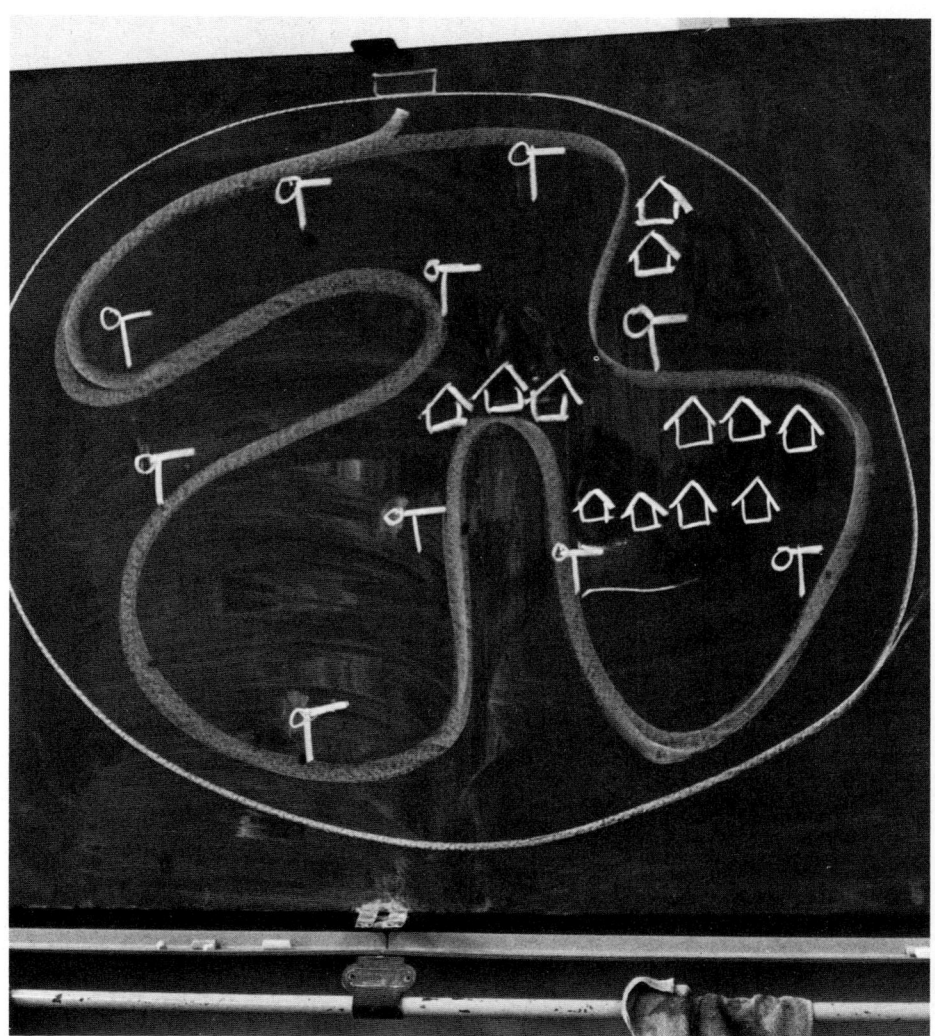

Wie sind Bushaltestellen gekennzeichnet? Das rauszufinden ist eine Hausaufgabe für den Heimweg. Am nächsten Tag eine Gruppenarbeit: *Sucht aus sechs Zeichnungen von möglichen Bushaltestellen das richtige Schild heraus!* — Es ist durchaus nicht das anschaulichste. Können Fremde das überhaupt erkennen?
Die Olympia-Piktogramme sind leichter zu enträtseln, wenn man ihr Prinzip verstanden hat. Die Kinder bekommen alle Bedeutungen allein raus und sind beruhigt, daß unsere ausländischen Gäste mit diesen Zeichen nicht viel Schwierigkeiten haben werden.

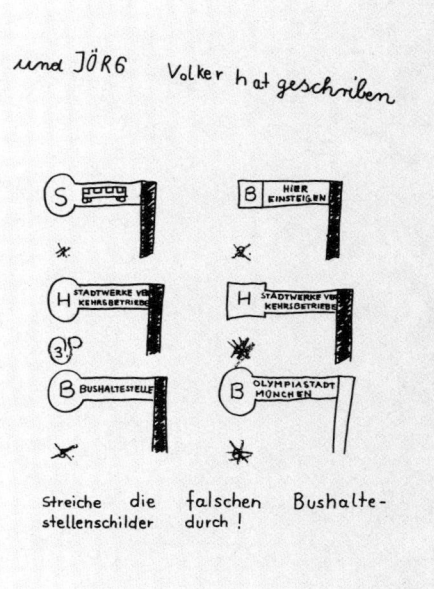

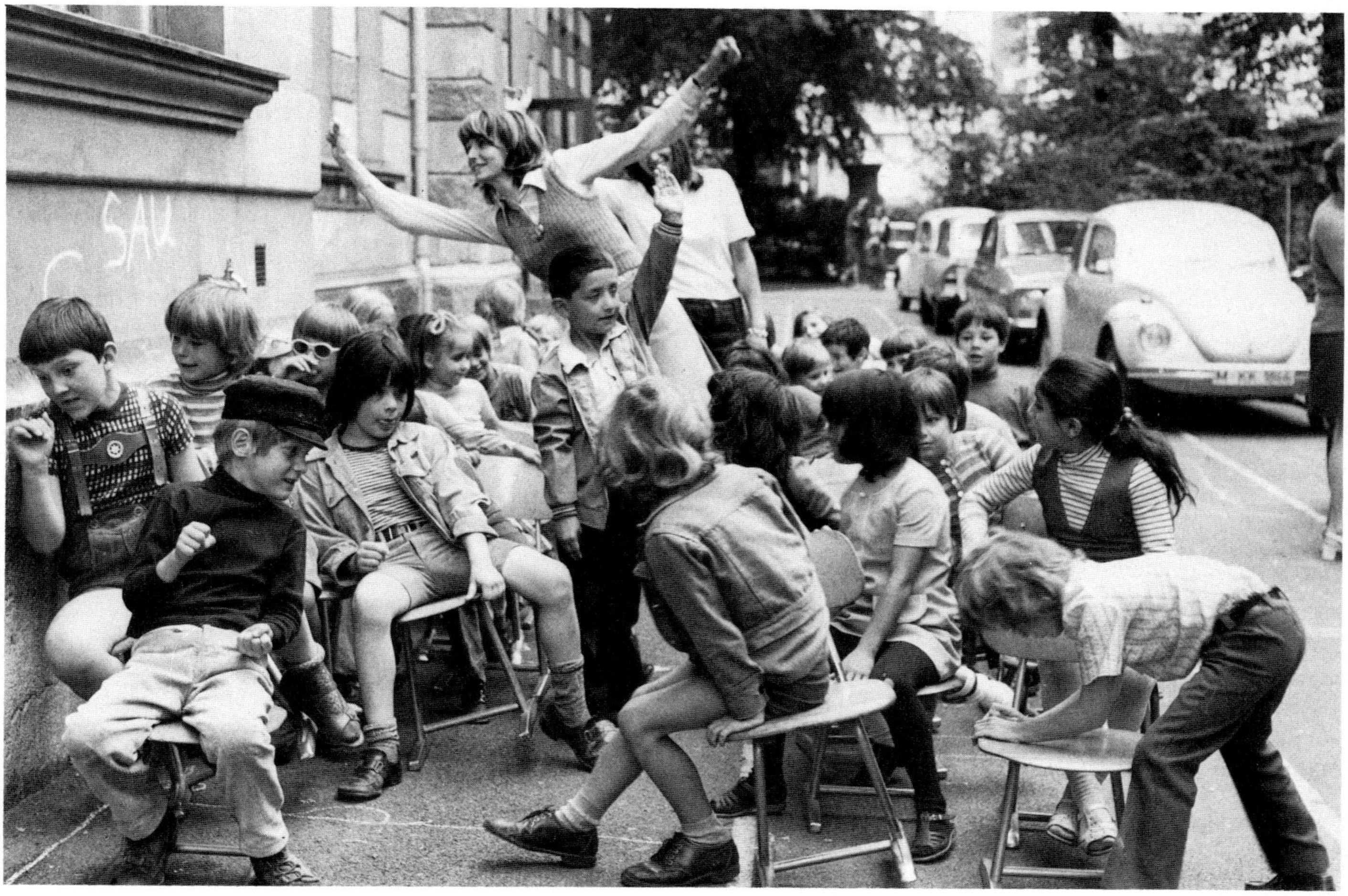
SAU

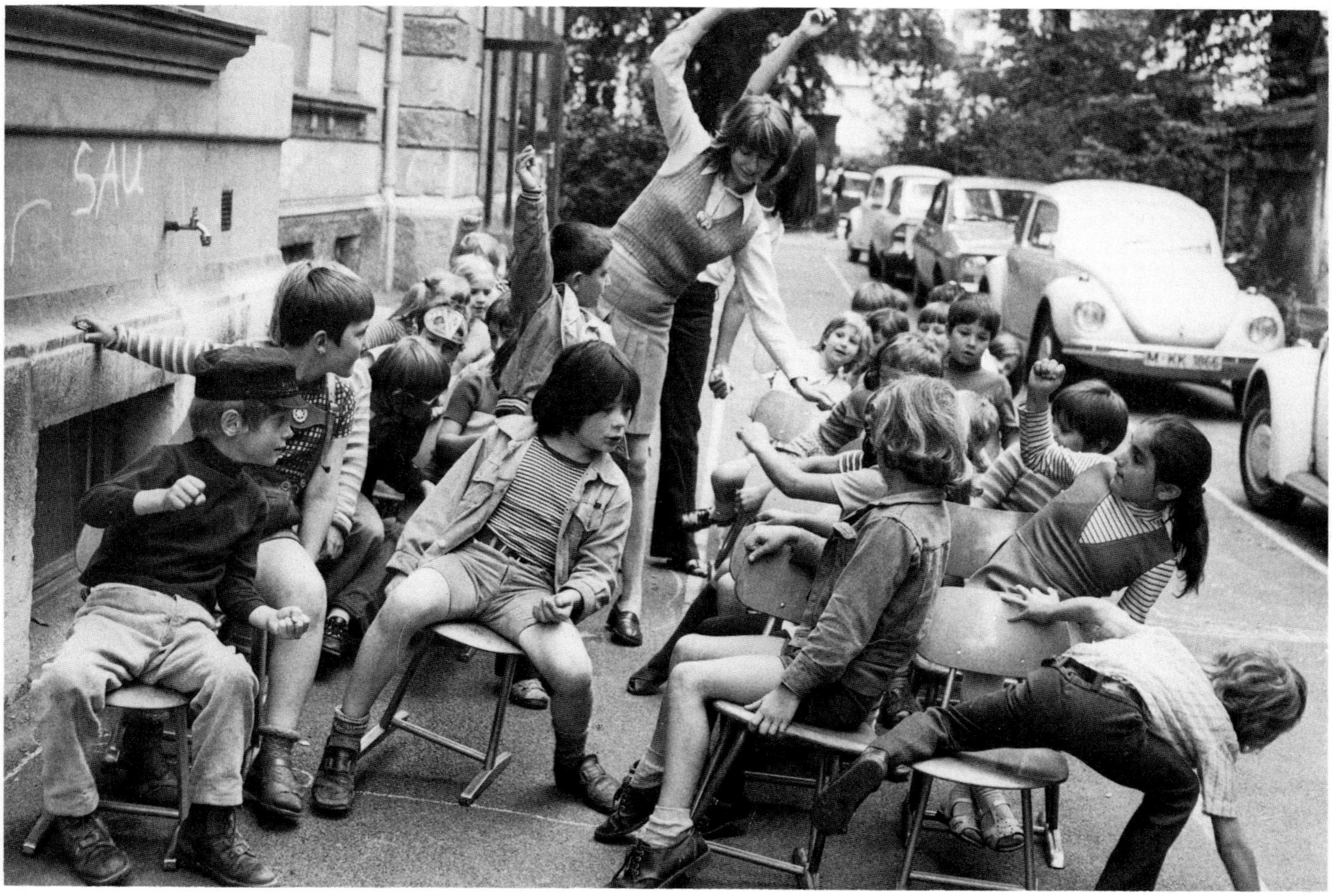
SAU

Wippe und Waage

Vierzig Kinder auf einem kleinen
Spielplatz — da erwartet man Streit.
Das Nacheinander auf der Rutschbahn
ergibt sich von selbst. An der Schaukel
zeigt sich, daß es ihnen schon zur
zweiten Natur geworden ist, mit
Schlangestehen das Nacheinander zu
regeln. Aber wer bestimmt, wann der
eine aufhören muß und der nächste
drankommt?

An der Wippe gibt's Krach: Zwei
Kinder lassen einen in der Luft
zappeln und nicht wieder herunter.
Der sieht nur Bosheit, und die beiden
anderen sehen nur ihren Wunsch, zu
wippen. Warum das aber so nicht geht,
merken sie nicht. Also Unterrichts-
thema: *Wippe und Gleichgewicht.*

Wir setzen uns auf den Boden im
Klassenzimmer, weil unsere Tische
schräge Platten haben. Jeder versucht,
eine Leiste über einem liegenden
Bleistift auszubalancieren. Man hilft
sich gegenseitig, erklärt einander die
Zusammenhänge.

*Jetzt legt doch einmal euren Radier-
gummi auf die eine Seite.* Die Aufgabe,
nun die Leiste wieder ins Gleichgewicht
zu bringen, versteht sich von selbst.

Das eben praktisch Erfahrene nun in
einer Zeichnung wiederzuerkennen ist
schwierig, Voraussetzung sind Interesse und Unbefangenheit.

An der Tafel ein Strich: die waagerecht
liegende Leiste. Als roter Punkt soll
der darunterliegende Bleistift einge-
zeichnet werden. Im nächsten Bild liegt
links ein dickes Gewicht, die Leiste
liegt wieder waagerecht. Wo liegt der
Bleistift nun? Kinder vertiefen sich in
solche Zusammenhänge und machen
aufschlußreiche Erfahrungen, auch
wenn sie noch nicht präzis darüber
sprechen können. Wenn man auf
bestimmte Formulierungen dringt,
kann man das Interesse verschütten.

148

Mit Garnröllchen aus einer Kleiderfabrik klebt jedes Kind ein Gestell für eine Wippe. Die Leiste kommt als Brett darüber, und Plastilinfiguren können wippen.

Wie kann ein dünnes Kind ein sehr dickes heben? Wer kann zwei dünne Kinder heben? Man kann eine dicke Kugel mit einer kleinen ins Gleichgewicht bringen oder mit zwei Spielzeugautos und so die Hebelgesetze sinnlich erfahren. Die Wippe kann jeder mit heimnehmen und weiter ausprobieren. Auch die Beobachtungen an der Wippe versuchen wir in Zeichnungen wiederzuerkennen. Das ist mühsam.

Eine andere Übertragung klappt überraschend leicht: Jeder bekommt einen Pappstreifen, Nadel und Faden und die Aufgabe: *Zieh den Faden so durch ein Loch am Rand des Pappstreifens, daß er im Gleichgewicht hängt!* Sie nehmen ihre Erfahrungen vom Halbieren zu Hilfe, knicken die Pappe in der Mitte, um den Punkt zum Aufhängen festzulegen, und sind schon fertig. Jetzt haben sie eine Waage, auf der Papierstückchen, Fäden usw. miteinander ausgewogen werden können.

149

Rutschbahn

Wir legen ein Stück Kreide auf eine schiefgehaltene Bahn. Sie rutscht nicht. Wolfgang nimmt mir die Bahn aus der Hand: *So, schräger!* Jetzt geht's. *Noch schräger, dann geht's schneller.*

Ein Stück Pastilin rutscht langsam. *Geht das auch schneller, ohne daß wir die Bahn stärker kippen? — Wenn Sie eine Kugel draus machen! — Die rollt weit! Aus dem Weg! Ausrollen lassen!* Martin macht einen Kreidestrich an der Stelle, wo sie liegengeblieben ist.

Jetzt mach' ich mal eine kleine Kugel. Christa hatte dieselbe Idee und schon eine fertig. Die rollt, wie erwartet, nicht so weit wie die große Kugel. Und eine mittelgroße bleibt dann richtig zwischen den beiden anderen liegen.

Ich setze ein Spielzeugauto auf die Bahn. Es kommt nicht recht voran. *Aber das hat ja keine Räder.* Wir lassen Laster, Rennautos, Personenautos fahren und notieren am Boden, wie weit jedes gekommen ist. Warum fahren sie verschieden weit und auch verschieden schnell?

Wir lassen eine leere Streichholzschachtel rutschen. Dann noch einmal mit einem Stein drinnen: Jetzt ist sie ganz langsam. Wenn wir aber den Laster beladen, wird er schneller. Warum?

Eine Schachtel rutscht auf der Reibefläche, die ist rauh. *Wie können wir sie glatt machen?* Karli meint: *Tesafilm drüberkleben.* Jetzt sollen zwei Schachteln wettrutschen, eine rauh, eine glatt. Welche wird gewinnen?

Die Zusammenhänge sind so vielgestaltig, daß man beim Experimentieren immer wieder überrascht wird. Das regt die Fragen an, aus denen später solides, gewachsenes und nicht aufgepfropftes Wissen werden kann.

Fließbandarbeit

Ich erzähle, wie ein Handwerker etwas herstellt und sich freut an seinem Werk und wie in einer Autofabrik ein Mann am Fließband immer dieselben Handgriffe tun muß, Stunde um Stunde, Tag für Tag, Woche für Woche . . . und niemals selbst sagen kann: *Dieses Auto habe ich gemacht.* Sich das vorzustellen ist für die Kinder bedrückend.

Dann zeichnen sie viele Schweine in Arbeitsteilung: Auf einem Blatt mit den Zahlen 1 bis 40 macht Christiane immer den Strich von 1 nach 2, Claudia von 2 nach 3, Sevim von 3 nach 4 usw. Das ist einfach. Das Miteinander macht Spaß und auch der Versuch, immer schneller zu arbeiten und weiterzugeben. *Arbeitsteilung ist doch toll!*

Wir stellen Tische nebeneinander. In zwölf Arbeitsgängen sollen Papierschiffe gefaltet werden. Zwölf Kinder zum Falten und ein Stapler sitzen nebeneinander und arbeiten Hand in Hand. Jedes Kind will drankommen, man wechselt sich ab auf den Plätzen am *Fließband.* Sie holen noch mehr Papier, als der bereitgelegte Vorrat erschöpft ist.

Später betrachten wir die Schiffchen: Vom zwanzigsten an werden sie immer schlampiger, halten kaum mehr zusammen. Die Konzentration hat ganz offensichtlich nachgelassen. *Wenn man jetzt von morgens bis abends dasselbe tun muß und dazu immer noch sorgfältig . . .* Der Zauber solcher Arbeitsteilung ist schon verflogen.

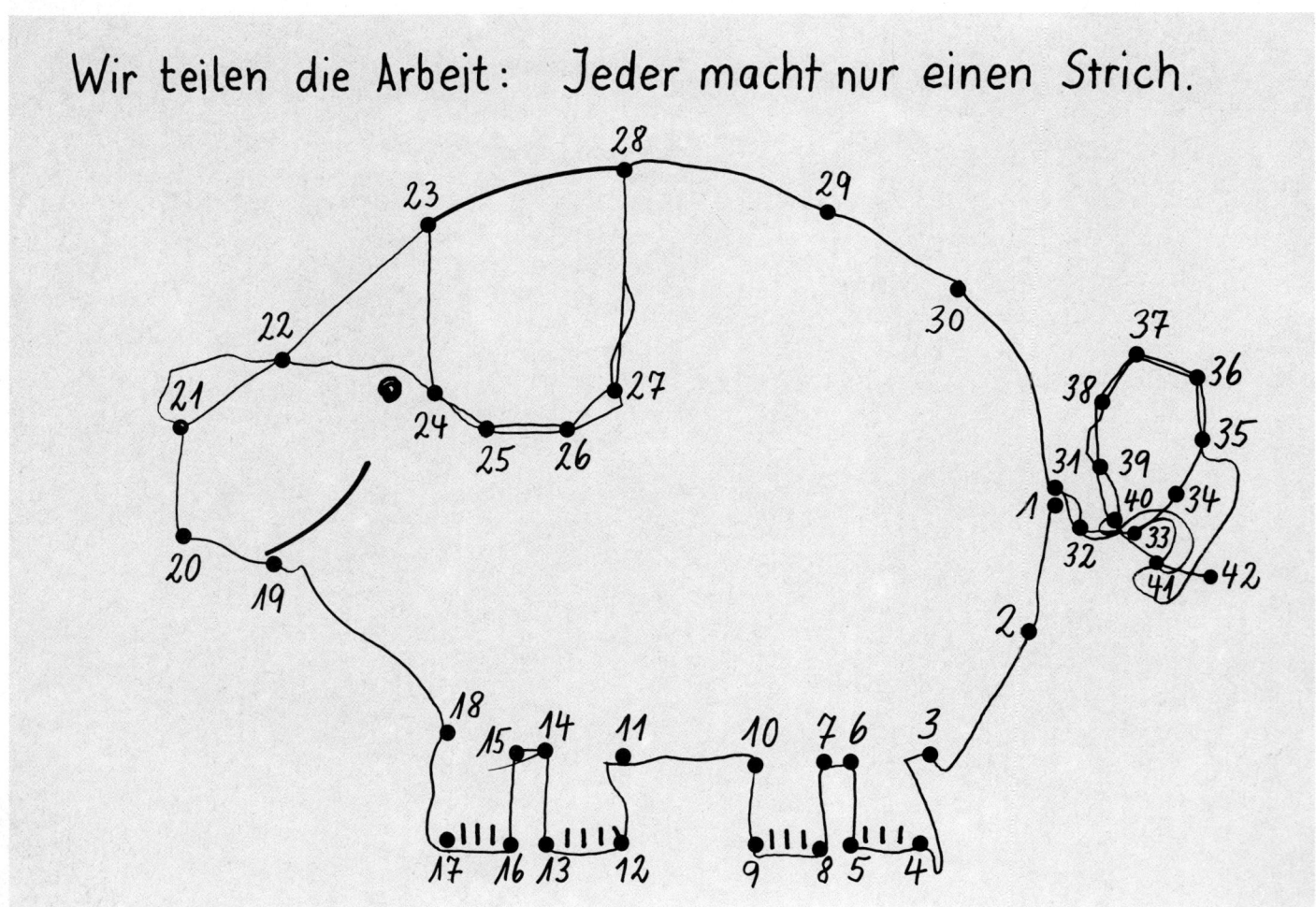

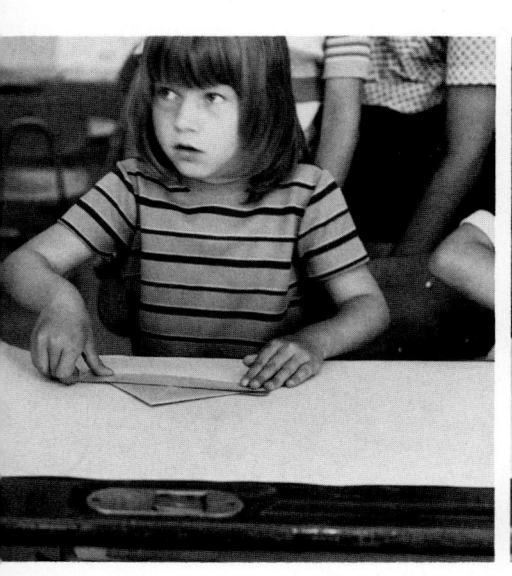

  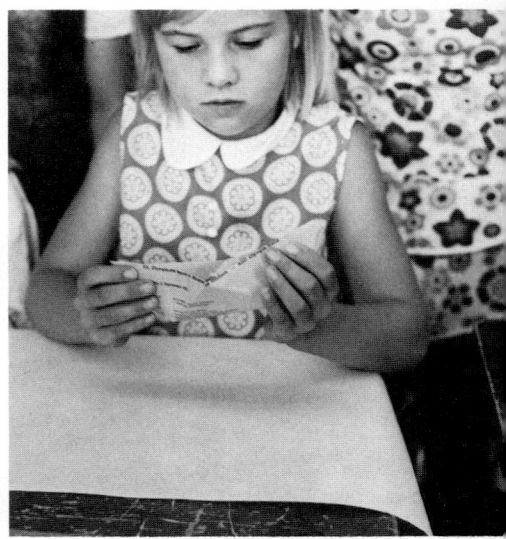

Ausflug

Mehrere Mütter begleiten uns einen Tag in den Englischen Garten. Sie finden wenig zu tun. Wir haben ja kein Programm, in das man die Kinder einordnen müßte. Wir lassen uns treiben.

Immer wieder bleiben einzelne Gruppen stehen, um etwas zu beobachten oder zu besprechen.

Christiane hat ihr Notizbuch mit und bleibt manchmal zurück, wenn sie etwas aufschreibt: *Schwäne füttern.* Oder: *Graue Schwäne sind Kinder.*

Als wir auf einer Wiese rasten, organisieren sich Spielgruppen fast von allein. Ich kann mich ausruhen. Hin und wieder kommen Kinder zu mir, um etwas zu fragen oder zu erzählen.

Als die Kinder durstig sind vom Rennen und Schreien, schneiden wir Melonen auf, die eine Mutter mit dem Wagen zur Raststelle gebracht hat. Auch Apfelsaft ist für alle gemeinsam da. So vermeiden wir, daß die Kinder zuviel schleppen müssen oder sich beim Einkehren Vergleiche des Taschengelds ergeben.

Schließlich gehen wir ans Isarufer, sammeln Holz für ein Feuer und rösten Würstchen und Brot am Stock. Volker sitzt gelassen in all dem Trubel, hält sein Würstchen über die Glut und liest dabei.

Am Abend fällt den Müttern auf, daß es den ganzen Tag über nicht einen Anlaß gegeben hat, mit den Kindern zu schimpfen.

Zeugnisse

Wenn Kinder für ihre Schulleistungen ständig Noten bekommen, kann sich sehr rasch das ursprüngliche Interesse für die Lerngegenstände verschieben. Dann zählt in der Schule nur noch, was der Lehrer hören will und was er dafür gibt, wenn man ihm das Richtige apportiert.

Wenn die Noten gar so festgesetzt werden, daß immer ein bestimmter Prozentsatz schlechter, mittlerer und guter Leistungen in der Klasse nachgewiesen wird, so ist das nicht nur ungerecht gegenüber der einzelnen Leistung, sondern auch statistischer Unfug. Solche Notenverteilungen sind vor allem ein Mittel der Schule, sich selbst zu bestätigen, daß Schüler eben unterschiedlich begabt sind, darum verschieden gut lernen und die Schule daran nichts ändern kann — also eine pädagogische Bankrotterklärung. Dabei hätte jedes Kind ein Recht, wenigstens die Lernziele der Grundschule zu erreichen und den dafür nötigen Unterricht zu bekommen.

Das Ritual der Noten macht die Kinder einer Klasse zu Rivalen und baut in sogenannten schwachen Schülern ein negatives Selbstbild auf. Und alle Kinder, besonders aber die mit den guten Noten, lernen, sich selbst als erfolgreich zu sehen, wenn es jemanden gibt, dem sie sich überlegen fühlen können. So verdirbt die Schule den Charakter und zerstört die Leistungsfreude, anstatt zu lehren, wie man zusammenarbeitet und aus eigenem Antrieb etwas lernt.

Im ersten Halbjahrszeugnis stehen noch keine Noten. Ich hatte mich mit Lob und Ratschlägen direkt an jedes Kind gewandt, das Zeugnis persönlich formuliert wie einen Brief und dabei gemerkt, daß man so seine Worte genauer abwägt als bei Beurteilungen über einen Schüler, die leicht amtlich-kühl und hochmütig geraten. Die persönliche Formulierung wurde mir dann vom Schulamt für künftige Zeugnisse als unüblich untersagt.

Im Jahreszeugnis stehen nun die ersten Noten, begleitet von ergänzenden Bemerkungen, für die aber auf dem Formular zu wenig Platz vorgesehen ist. Ich spreche mit jedem Kind über sein Zeugnis. Es gibt fast nur gute Noten, weil die Kinder nach diesem ersten Schuljahr, das sie soviel Entbehrungen und Anstrengungen gekostet hat, gar nicht begreifen könnten, daß sie schlecht waren. Sie fassen diese Noten ja als Urteil über die eigene Person auf.

Die Kinder unterhalten sich miteinander über ihre Zeugnisse, ganz ohne Heimlichkeiten. Trotzdem entsteht eine Atmosphäre, die nicht mehr nur vom Aufatmen nach einem neuen Lebensabschnitt und von Ferienvorfreude geprägt war, sondern auch von Neid und Mißgunst und einer nicht zu bewältigenden Enttäuschung über kleine Unterschiede zwischen den eigenen Noten und denen der Freunde.

Und dann ist das erste Schuljahr vorbei. Auf einmal sind alle Kinder weg, sie haben sich kaum verabschiedet. Gerade die Anhänglichsten waren am schnellsten draußen. Nach den Ferien werden wir uns im zweiten Schuljahr wiedersehen.

Nachwort

Es versteht sich von selbst, daß man als Lehrer sein didaktisches Repertoire mit Hilfe der einschlägigen Fachliteratur ständig kritisch überprüft und ergänzt, sonst verarmt und erstarrt der Unterricht und man verliert die Freude am Beruf. Gefährlicher noch als die didaktische Verarmung des Unterrichts ist die psychologische Erschöpfung des Lehrers, der durch die immer wieder gleichen Unarten und Lernschwierigkeiten bei seinen Schülern in eine Konfrontation zu ihnen gedrängt wird, die leicht feindselig werden kann.

Die folgende Liste enthält nicht die einschlägige Fachliteratur, sondern die Bücher, in denen ich lese, wenn ich lustlos und ungeduldig zu werden beginne. Sie helfen, Kinder und ihre Probleme zu verstehen und stärken das Vertrauen in den kindlichen Lernwillen, ohne das dieser sich nicht entfalten kann. Sie schärfen den Blick für die krankmachenden Faktoren unserer Schul- und Unterrichtsorganisation und regen zu praktischen Reformen an. Sie helfen dem Lehrer, aus kritischer Distanz seine Rolle zu erkennen und sein Verhalten den Kindern gegenüber allmählich ihren Bedürfnissen und den eigenen Absichten anzupassen.

Virginia M. AXLINE, Dibs, Scherz, München 1970

Bruno BETTELHEIM, Liebe allein genügt nicht, Klett, Stuttgart 1970

Bruno BETTELHEIM, Die Kinder der Zukunft, Molden, Wien/München/Zürich 1971

Werner DIETRICH, Der junge Lehrer und die Schulzucht, Schroedel, Hannover 1967

Carl-Heinz EVERS, Versäumen unsere Schulen die Zukunft? Econ, Düsseldorf/Wien 1971

Hartmut von HENTIG, Die politische Rolle des Lehrers in: Spielraum und Ernstfall, Klett, Stuttgart 1969

John HOLT, Chancen für unsere Schulversager, Lambertus, Freiburg 1969

John HOLT, Wie Kinder lernen, Beltz, Weinheim 1971

Herbert R. KOHL, Antiautoritärer Unterricht in der Schule von heute, Rowohlt, Hamburg 1970

George B. LEONARD, Erziehung durch Faszination, Piper, München 1971

Scuola di Barbiana, Die Schülerschule, Wagenbach, Berlin 1970

Bo SIGRELL, Problemkinder in der Schule, Beltz, Weinheim 1971

Horst SPEICHERT, Eine Umwelt zum Lernen, in: Schule ohne Klassenschranken, Rowohlt, Hamburg 1972

Johannes A. STÖHR, Hört endlich auf mit dem Erziehen, Südwest, München 1969

Konrad WÜNSCHE, Die Wirklichkeit des Hauptschülers. Berichte von Kindern der schweigenden Mehrheit, Kiepenheuer und Witsch, Köln 1972

Ich danke

den Eltern meiner Schüler, die unsere Unterrichtsarbeit mit soviel wohlwollendem Interesse verfolgt und unterstützt haben.

den Kindern, die mir ihr Vertrauen geschenkt haben.

Paul Gerhard Lankes, in dessen Vorlesungen und Seminaren ich die Freude am Umgang mit Kindern gelernt habe.

Angela Bedall und Christiane Mettin, den langjährigen Partnern gegenseitiger Fortbildung.

Marion Hermann, die dieses Buch als Lektorin betreut hat.

U. A.